語りつづけた言葉

岡崎　晃

教文館

はじめに

この国では、初詣ではじまって、一年中あちこちの神社・仏閣で行われるお祭りに参加する人は大変な数に上ります。おそらく人口よりずっと多いでしょう。けれども、「自分は信仰心を持っている」と自覚的に答える人は、せいぜい六パーセントに過ぎません。いろいろな意識調査を見ても、「自分は無宗教」と答える人は七割前後もいます。

ということは、大部分の人は、宗教や信仰心とは無関係に、日常生活を営んでいるということになります。ことによるとクリスチャンも、信仰と関わるのは日曜日だけで、あとは世の中のひとたちと同じ俗世間の生活をしていると思われているかも知れませんし、クリスチャン自身がそう考えているかも知れません。

仏教も、長い間死人にしか関わらない「葬式仏教」などと悪口を言われてきましたが、私が昔から交わりをもって来た親鸞の浄土真宗は、生きている人間を相手にする努力を重ねておられます。ことに親しくしている大谷派の学僧が送ってくれた講演録に、宗教とか、信仰心というものは、人間が生きて行くそのことに関わっているのだと次のように語っていました。

「私は生まれるということ自体が、実は宗教的な事だと言っております。だって生まれるということは、必ず死ぬいのちを手に入れるということですから。死ぬいのちを手に入れるということになれば、必ず生きることの意味を問わざるを得ないわけです」と。

たしかに、私たち人間は、自分が何のために生きているのか、その意味を見失ってしまったら、生きて行く力も、意欲も失ってしまうことでしょう。ですから、自分が、死すべき命をかかえて、今ここで生きているのは、何のためなのかを問いながら生きる事が必要だというのはよく解ります。意味を問いながら生きるのが、宗教であり、信心なのだというのも一応納得です。

でも、決定的に大事なことは、そのように意味を問いながら生きている私という人間を、そこに存在させているものは何なのか、私を今そのように生かしている根源的な力は何なのかを問うことではないでしょうか。言いかえれば、人間はどう生きたら、本来の意味にふさわしく生きられるかを問う前に、そもそも人間とは何ものなのか、何を根拠にこの世界で生き得るものなのかを問うのが先だと思うのです。

そして私たちに与えられている聖書という書物は、その根源的な問いと答えを与えてくれるばかりでなく、その根源から、私たちの生活の中に様々な問いかけをしてくる書物です。私はその問いかけを、若い方々に伝えたいと願って、短い礼拝の中で、語りつづけてきました。読者の皆様に、聖書を通しての神さまからの、またイエス・キリストからの「問いかけ」を聞きとって頂けたら幸いです。

目次

装丁＝熊谷博人

第一部　信仰への招き

どこから来て、どこへ行くのか

ヨハネによる福音書第一四章一―六節

上野にある国立西洋美術館の外庭に、著名な彫刻家ロダン（一八四〇―一九一七）の作品「地獄門」が据えられています。見上げるとその中央部分に「考える人」の像が、通る者を見下しているのに気付くでしょう。日本では、そこだけ取り出して大きくした「考える人」の像が一人歩きして（？）、やたらに有名ですが、その像だけでは彼が何を考えているのかは捉えにくいと思います。（まさか、「『今日の晩御飯何にしよう』って悩んでるんだ」なんて考える人はないでしょうけれど。）本来の地獄門の上では、それははっきりしています。彼はそこに立つ人間たちの過去と未来に思いを致しています。言い換えれば、人間の生と死について思い巡らしているのです。

「生きる／死ぬ」という今週の週題について思い巡らしていて、私は「どこから来て、どこへ行くのか」という自分が昔した説教の題を思い出しました。ポール・ゴーギャン（一八四八―一九〇三。ゴッホと深い関わりを持ったフランス後期印象派の画家）が、晩年の一〇年間滞在した夕ヒチ島で描いた大作に「われわれはどこから来たのか、われわれは何（者）か、われわれはどこへ行くのか」（一八九七年作、ボストン美術館）というのがあります。この題を一寸ばかり拝借したわけですが、ゴーギャンも、人間の過去、現在、未来を横長の大きなキャンバスの三場面に描きながら、人間とは？　人生とは？　と問うているのです。

この問を自分の人生に引き寄せて考えてみるときっと簡単には答えられないでしょう。しかし、この問は、私たち人間にとって、避けることの出来ない根源的な問であり、また、課題なのではないでしょうか。いったいこの私はどこから来たのか、私は何者なのか、どこへ行くのか――。

以前読んだある神学者の文章に古いドイツの諺が引用されていました。「わたしは来る、どこからかを知らない。わたしは行く。どこへかを知らない。わたしがまだ朗らかなのは不思議だ」と言うのです。人間が、いや私が、どこから来て、どこへ行くのか全く解らないということは不安であり、とても深刻なことではないかという反語ではないでしょうか。

横浜生まれの作家で、港の見える丘公園に記念館がある大佛次郎が亡くなった時（一九七三年）、ある人の文章で彼に「さかしまに」というエッセイがあるのを知りました。「さかしま」とは「さかさま」と同じ意味です。死後どこへ行くのかわからなくて不安だから、人生が今と逆で、だんだん若くなって、生まれる前に戻れたらいいのにという願望を綴ったものです。

「木の葉が落ちて失くなるように、周囲の人が欠けて　樹液も枯れ　幹も朽ちてくる。病気、貧困、孤独の三冠王でも、若いいのちのさかんな時に来るのなら耐えようもあるだろうが、老年に入ってから揃って訪問を受けるのは迷惑である。遠くなく迫る死の圧迫もある。死は救いと言いながら、そうは悟りきれぬものである」。

――だから出来ることなら、時計を巻き戻すように人間の一生をあべこべに進めてもらえないだろうかと続きます――

「最初は老年である。しかし彼は段々と若くなり、壮年となり、仕事が面白くなり、友人たちも集まってきて生活が活気づく、そのうちにも老妻が厚化粧でなく自然に若やぎ、美しくなり、最後に恋愛が起り、あるいは見合いをしてから、分かれてしまって知らぬ他人となる。かくして最後に赤ん坊になり、やがて人間でなくなって、ビールスか、微粒子になって、未生以前とやらにかえってしまう。これが死である」。

「そうなると棺桶も、経文も、墓碑も、家族の嘆きさえ無用なのだ。天国の門も、道具方が出て、トンカチでばらして舞台に片付けて了う。どうした設計の間違いか、今の人生はこの逆である」。

私たちは「どこへ行くのか」。その行く先は死で、死後の世界は未知で恐れと不安があるだけだから、それを逆さにして、出て来たところに帰った方が安心だと大佛は考えたようですが、それはどうでしょうか。

私たちが「どこから来たのか」。遺伝子やDNAを辿ったら、ずいぶん先まで行きそうですが、そこに私たちが今を生きる根拠になるような確かなものが見つかるでしょうか。「どこから」にせよ「どこへ」にせよ、よく解らない以上、どっちにしたって同じことではありませんか。

スイスの牧師ヴァルター・リュティの説教を読んで教えられたことがあります。一人の老人が、ある日ミュンスターで行われる結婚式に出るために盛装して家を出たそうです。ところが乗換の駅の待合室で、急に自分がどこへ行こうとしているのかを忘れてしまったのです。それで一番手近な公衆電話から家に電話をかけて、自分がどこへ行くはずであったかを問いただしたというのです。リュティは「とにかくこの老人は、自分がどこの家の者か忘れずにいただけでも幸いで、いつかそれすらも忘れてしまいかねない。自分が何者であるかさえ忘れてしまわないとも限らない。そして、こうした老化現象を、若者たちは笑いとばしたりしない方がよい。いつか自分が同様な目にあうかもしれないから」と忠告した上で、「この老人が電話ボックスに駆け込んで自分の行き先を確かめたように、私たちも、自分がどこから来て、どこへ行くのか、自分が何者なのかと問い合わせる電話ボックスがあったら良いのにと思わないか」と問いかけています。

ケータイを持たない私は、この夏、近頃めっきり少なくなってしまった「電話ボックス」を求めて大汗をかいてしまいましたが、リュティは、私たちが求めるべき電話ボックスは、実は手近にある「聖書」なのだと言います。聖書を開けば、自分の由来と、行くべきところを聞くことができると言うのです。

先程読んだヨハネによる福音書一四章のちょっと前、一三章三節を見て頂きたい。「イエスは、父がすべてを御自分の手にゆだねられたこと、また、御自分が神のもとから来て、神のもとに帰ろうとしていることを悟り」とあります。イエスというお方は、ご自分が神から出て、また神のところに帰る存在として、今、地上に生きる神の子としての業をなさっていることを自覚しておられたというのです。まさに、彼は御自分が何者であり、どこから来て、どこへ行くのかを明確に知っておられる方だというのが、聖書のインフォメーションなのです。

この確かなお方が、さっきの一四章によると、私たちの行く先として、父なる神様のもとに場所を用意して、私たちを迎えてくださると約束しておられます。そして更に弟子の一人トマスとの問答で、そこへ行く道はイエスご自身であり、イエスという道を通ってこそ間違いなく神のところへ行けるのだと言っておられるのです。

もちろん、聖書という「電話ボックス」を本気で利用すれば、私たちがどこから来たかも、私たちが何者であるかも聞き出すことができます。どうかフェリスにいる間に――聖書が手近にある間にという意味です――それを確かめる人であってほしいと思います。聖書は、ケータイのナビより、はるかに確かな人生の道案内なのですから。

（二〇一〇年一一月二四日　緑園）

強いられた恵み

ルカによる福音書第一四章一五―二四節

新約聖書の中に一五六回も出てくる「恵み」という言葉を調べていて気付かされたことの一つは、「これは私に与えられた恵みだ」と言うときの「恵み」は、思いがけず向う側から与えられた好意や賜物そのものと、それを受け取る側の感謝とを同時に表しているということでした。

したがって、その恵みを私が受けるのは当然だとか、私にはその資格があると思っている人には感謝がないので、恵みは報酬になってしまうでしょうし、それを受けたいとも思っていない人には、全くどうでもよいものになってしまうわけです。

今読んだ聖書の箇所によると、食事を共にしていたある人がイエスに向かって「神の国で食事をする人は、なんと幸いなことでしょう」と言ったといいます。多分、自分たちのような正しい人間こそ、神の国の喜びにあずかる資格があると確信していたファリサイ派の人であったでしょう。――ちなみにキリスト教的に言えば、「神の国」というのは、イエス・キリストによって罪を赦された人間が、神から自分の生をまるごと肯定された者として、神の前に共に生きることができる現実を表しています。また、その喜ばしさを宴会や婚宴などの比喩で表すことが多くあります。

この人は、自分は当然神の国の喜びに加われると思っていましたので、「なんと幸いなことでしょう」は自画自賛であったわけで、彼の場合、神の国の宴は「恵み」として受けとめられていたとは言えないでしょう。

その人に対して、イエスが語られたのが、一六節以下の「大宴会のたとえ」です。ある人が盛大な晩餐会を用意して人々を招待しました。ところが、いざその時になったら、客たちはみんなそれぞれ勝手な言い訳をして出席を断ってしまった、というのが話の前半です。

イエスは、この部分で、主人＝神、宴会＝神の国の喜び、そして招待客＝ユダヤ人たち、ことにファリサイ派の人たちを意識して語っておられます。ということは、「なんと幸いなことでしょう」と言っている人に対して、あなたは、ほんとうに神の国への招待を、かけがえのない恵みと思っているのか？　何かと言い訳をして、恵みを拒み、神の好意を無にしているのではないか？　と問いかけておられるのです。

実は、ユダヤ人ばかりではなく、私たちも問われているわけで、私たち人間が、折角の神からの恵みの申し出を、神の国の宴への無料《ただ》の招待を拒んでしまっている実態も浮かび上がってくるのです。

それに対して、たとえの後半は、この主人が折角用意した晩餐を何としても人に振る舞いたくて、そこら中から無理矢理に人々を連れて来させて宴席を満たさせたという話になっています。はじめは町の中で、当時宴席に連なる資格はないとされていた人たちをどんどんひっぱって来させたとあります。これは、神の恵みというものは、人間の側が勝手にあの人は受ける資格があるとか無いとか決めてはならないものだということを示しています。恵みはどこまでも恵みであって、すべての人間に対する神からのプレゼントなのです。

さらにこのたとえにはもう一シーンがあります。それは席を満たすために、周辺にまで出て行って人々を「無理にでも」連れて来いと主人が命じているところです。この部分は、普通神の救いから遠い人達として差別されていた異邦人を招いているのだと理解されています。がそれはそれとして、私は、この無理にでも人をひっぱってきて宴席を満たしたいという主人のやり方の中に、神の国の恵みを一人でも多くの人間に受け取らせようとする神の熱意、人間に対する神の恵みの意志の強さを見る思いがするのです。

私たち人間は実にいい加減なもので、口では何時も適当なことを言っています。「キリスト教も悪くない」「たまには教会に行ってみたい」「天国は素晴らしいに違いない」とか。しかし、実際には、みんな何時でも招かれているのに、なかなか自分から腰を上げようとはしないものなのです。

だからこそ神は、私たちをイエス・キリストの救いの恵みに与らせるために、時に「無理強い」をなさいます。強いてでも私たちに恵みを受け取らせようとなさるのです。もちろんそれは私たちへの愛なのであって、よけいなおせっかいではありません。

皆さんご自分のことを考えてみて頂きたい。もともとは他の大学へ行きたかったのに、諸般の事情でここへ来てしまった人が案外多いのです。その人たちは、フェリス女学院に来ることを強いられたと感じておられることでしょう。フェリスに入ったばかりに、キリスト教の授業を強いられ、聖書を読まされ、学内礼拝に出ることを強いられているのではないでしょうか。多分、今のところは不満ばかりで、出るのは文句ばかりでしょう。

でも、世の中何でも自分の思うままに選べるとは限りません。強いられたことを積極的に受けとめることで、素晴らしいものを発見することも沢山ある筈です。折角の機会なのですから、授業にせよ、礼拝の説教にせよ心して耳を傾けてほしいのです。きっと何時か、実はあれは私に強いられた恵みだったのだと気付かれることがあるに違いないのですから。

（一九九八年五月一一日　緑園　一四日　山手）

信　仰――すべてをかけた出発

創世記第一二章一―九節

「信仰」というテーマで、四日連続の説教をする任務を与えられましたので、哲学者森有正にならって、「アブラハムの信仰」をベースに信仰について、私なりに四つの側面から語ってみたいと思います。

私は、自分が担当している「キリスト教とは何か」の授業の始めに、受講生全員に自己紹介のカードを書いてもらっています。その中に、宗教や信仰というものについて、どんな印象を持っているかを、一、二行で書いてもらうことも含めてあります。もちろん答えは多岐にわたりますが、いつも、大きく二つの傾向が浮かび上がってきます。

一つは、宗教や信仰は苦しい時の神頼み、弱い人間が困った時に頼りにするものといった見方であり、もう一つは、宗教もいいが、のめりこむと危ないとか、怖いものだといった印象です。前者は、それが極めて日本的な宗教状況・宗教意識を反映しているという意味で、後者は、しばしば狂信的信仰集団がマスコミをにぎわしているという事実において、もっともな答えだと思います。

しかし、本来の信仰というものは、人生にとって、有っても無くてもよいおまけみたいなもの、趣味みたいなものではありません。また、困った時に使う便利な魔法のランプみたいなものでもないのです。むしろ、私たち人間の存在を賭けた営みであって、私たちの生き方、存在の在り方に根本的な方向づけを与えるようなものなのです。まさかの時だけ、突然神さまに頼って信心のお世話になるというのではなく、常に、神とのかかわりの中で、人生全体を受けとめ、何事にも神を勘定に入れて生きるということなのです。だから、信仰をもっている人は、客観的に「弱い人」とは限りません。およそ、信心などとは縁のなさそうな人が、謙遜な信仰者であるということもある訳です。

創世記一二章によると、アブラハム（一七章まではアブラムと呼ばれていますが、話の中ではアブラハムを使わせて頂きます）という人は、年齢七五歳にもなって——ということは、決して若気の至りなんかではなく、充分過ぎるくらい分別のつく歳になって——、突然、自分の生活の場、故郷、親族、人間的なかかわりなど一切のものを放り投げて、未知の地に向かって出発したのです。理由は、彼に語りかけた神が、「行け」と言われたからであって、別に何かしくじりをして居づらくなったとか、食いつめて飛び出したとかいうのではありませんでした。アブラハムにとっては、神が「祝福を与える」と言われたその約束の言葉以外に、確かなものは何もなかった訳で、考えてみれば、こんなに無謀なことはありませんし、それは周囲の人たちからだって、決して賞賛されるような行為ではなかったでしょう。それこそ「そんなにのめり込むのは危険だ」という忠告もあったかもしれません。

何が、アブラハムに、そのような決断をさせたのでしょうか？　森有正は「強い内的な促し」という言い方をしていますが（講演集『アブラハムの生涯』日本キリスト教団出版局）、それは、アブラハム自身の人間的思い込みや、心理的衝動のようなものを意味してはいないでしょう。そうではなく、彼にとっては外なるもの、他なるものからの人格的な強い働きかけ、呼びかけを受けたことを意味しています。それが、創世記では、神の招き、神の約束の言葉として表されています。新約聖書で言えば、ガリラヤ湖畔の漁夫たちが、イエスから呼びかけられて、一切を捨てて彼の後について行ったという話が、これと対応しているでしょう。

このような、神の呼びかけに応えて、自分の存在と生活の一切をひっさげて出発する行動のあり方が、私たちの信仰の本質的なあり様を照射しています。すなわち、信仰とは自分の内に語りかけてくる神の呼び声に応答して、自分の生の一切を、この神の約束の言葉に賭けて、新たな旅立ちをすることなのです。その意味で信仰者になることは、私たちの人生にとって、根本的な方向転換であると同時に、大きな賭けであるということは否定できません。

森有正は、「信頼」という言葉と「信仰」という言葉を内容的に区別して、「(結局) 信頼とは、何かそこに私どもがその人に対して頼る、その人を当てにするポジティヴな理由のある時に持つことができるわけです。ところが信仰とは、私どもに信頼の念を起こさせるような積極的な要素を欠いている時に、ある一つの言葉を真実として信じることなのです。そういうような好ましい要素がないにもかかわらず、ある一つのことを本当であると信じることなのです」と言っています（説教・講演集『土の器に』日本キリスト教団出版局）。アブラハムは、まさにこの神の言葉だけを真実とする「信仰」の生へと一歩を踏み出したのです。

「アブラハムの出発は、神のふところに向かって身投げをするようなものだ」と言った人がありますが、普通「身投げ」というのは自殺のことで、そこで人生が終わりになるのですから、その表現が適当かどうかは解りません。ただ、思い切って自分の存在全部を賭けるということを言い表わしたかったのでしょう。とすれば、この神のふところへの身投げとしての信仰は、人生の終りではなくて、全く新しい人生の出発なのです。

神の言葉は、色々な機会に、色々な形で私たちに語りかけられるものなのです。私たちは聖書や説教を通して、書物や人の言葉を通して、時には様々な出来事を通して、この私に対する神の語りかけを聞くことが出来る筈です。自分に対する向こう側からの強い促しを聞きとったら、その呼びかけに応答して、自分の存在全体を、その神の言葉に賭けて出発することが信仰なのだと知ってほしいのです。そこには、思いもかけない新しい生の展開があることでしょう。

（一九九三年六月一五日　山手）

信仰——ただあるがままに

創世記第一二章一〇―二〇節

自分に対して、強く語りかけられた神の招きの言葉に応答して、安定した生活と人間関係の一切を捨てて、身ぐるみひっさげて未知の地カナンに向かって出発したアブラハムは、そこで飢饉に遭遇し、たちまち生活に行き詰ってしまいました。

神とのかかわりの中で、自分の人生の一切を受けとめて生きる信仰者として、その第一歩を踏み出したばかりのアブラハムは、早速苦境に立たされ、試練にさらされることになったわけです。信仰への出発、その決断はどんなに立派でも、その歩みはいつもうまく行くとは限りません。少なくとも、信仰者として生きることは、世の中の人が信心に求めている〝ご利益〟とは関係がないのです。

アブラハムだって、身一つならば、いかようにも生き方があったでしょうが、何分にも一族郎党を率いる家長としての責任があります。自分の無謀とも言える決断がもとで、一族を餓え死させては大変と考えたのでしょう。彼は、穀物の豊かなエジプトに移って飢えをしのぐ決断をします。しかし、心配なことが一つありました。権力者（この場合は、エジプトの王ファラオ）が、移住者の妻が美しければ、有無を言わさず取り上げるというようなことを平気でやる時代だったのです。アブラハムは、自分の妻が奪われた上、自分が殺されることを恐れ、あらかじめ対策を立てました。それは妻を妹と偽ることでした。兄なら殺されることはあるまいという計算です。妻サライをおだてて、言い含めて、その実、妻を盾にして自分の身の安全を考えたアブラハムの姿が、一一節から一三節にかけて、あからさまに描かれています。

思ったとおり、妻はファラオのハレム（後宮）に召し上げられてしまいましたが、アブラハムは命拾いをしたばかりか、彼女の代償として多くの財産にありつくことになります。しかし、アブラハムは、何とも言えない恥ずかしい思いをし、屈辱の思いを噛みしめたことでしょう。妻を裏切り、彼女を防波堤にして我が身を守った。妻は奪われ、しかも、そのお蔭で金持ちになってしまう……。なんとも寝覚めの悪い思いをしたに違いありません。しかも、異郷の権力者の前に手も足も出ず、事態を解決する力も方策も全く見つかりませんでした。

そんな最中に、突然「神」が顔を出され、この事態に介入なさいます。一七節に、唐突に「ところが主は」とあるのが印象的です。この絶望的な危機から、アブラハムとサライを救い出したのは、「主なる神」ご自身であることが、はっきりと語られています。結果として実に都合よく「めでたし、めでたし」となるのですが、これは、アブラハムを――ひいては神を信ずるものを――いい気にさせる物語では決してないと思います。この挿話の重要なポイントを、私は次のようなところに見出しています。

アブラハムは、カナンに入ってから、その留まった場所で常に祭壇を築いたと記されています（七、八節参照）。それは、生活の中に礼拝の場を設け、神との交わりの時を持ったことを意味しています。彼の一挙手一投足が、神とのかかわりの中にあったと言ってよいでしょう。

ところが、肝心なエジプト行きについては、神のみ心を問うことをしていませんし、エジプトで祭壇を築くこともなかったようです。というのは、「神様、一寸向うをむいていてください」と言わんばかりに、この件については、すべて自分の意志、自分の決断、自分の行動になっていたのではないでしょうか。後で出てくる息子のイサクの場合（二六章）や、孫ヤコブの場合（四六章）と照らし合わせて見ると、神が「行け」と言われた「約束の地」を勝手に離れることは問題だったのでしょう。それを感じ取ったアブラハムは、エジプト逃避については神に目をつぶってもらって、勝手に行動しようとしました。それが、妻への裏切り、自己保身といった失敗にもつながっていると思うのです。私たちにもよくある、具合の悪いこと、恥ずかしいことは、神に隠して、こっちで都合をつけてしまうというやり方です。

しかし、聖書は、そういう私たちが神に隠しておきたい、目をつぶっていてもらいたいような、本当に恥ずかしい、裸のままの姿こそ、神はすべて「お見通し」であり、むしろ、そういう姿をさらけ出した時に、ほんとうに神と交わることが出来るのだと告げています。恰好の良いポーズやたてまえでは、本当の神との出会いはなく、あるがままの恥ずかしいところでこそ、真の出会いがあるのです。

森有正は次のように言っています。「……人間というものは、どうしても人に知らせることのできない心の一隅をもっております。醜い考えがありますし、また秘密の考えがあります。またひそかな欲望がありますし、恥がありますし、どうも他人に知らせることのできないある心の一隅というものがあり、そういう場所でアブラハムは神様にお眼にかかっている。そこでしか神さまにお眼にかかる場所は人間にはない。人間が誰はばからずしゃべることのできる観念や思想や道徳や、そういうところで人間はだれも神さまに会うことは出来ない。人にも言えず、親にも言えず、先生にも言えず、自分だけで悩んでいる、また恥じている、そこでしか人間は神さまにであうことはできない」（『土の器に』）と。

信仰とは、普段は神ぬきの気ままな生活をしていて、礼拝の時だけ、虫も殺さぬような顔をして、神の前にポーズをとることではありません。そういう建て前人間は、決して神と出会うことはないでしょう。むしろ、常に神の前に本音で自由に生きて、そのありのままの自分をひっさげて（どんなに恥多くとも）、あえて礼拝にも出る。そういう人が、ほんとうに神に出会っているのであり、ほんとうの意味の信仰者と言えるのです。

気のきいた建て前と、恥ずかしい本音と、どちらを神が良しとされるかを、イエスはルカによる福音書一八章九節から一四節の「ファリサイ人と取税人のたとえ話」を通して語っておられます。

（一九九三年六月一六日　山手）

信　仰——向こう側の確かさ

創世記第一五章七—二一節

私は牧師であります。「牧師のくせに」と言われるかもしれませんが、私は〝信仰熱心〟は取りません。自分の信念に凝り固まったような確信的信者に出会うと、「まてよ」と眉に唾をつけたくなってしまうのです。ほんとうの信仰というのは、人間的な信念の固さとか、ゆるぎない確信といったことではないと思っているからです。

教会などで、こんな会話が交わされることがあります。「私は、ほんとうに信仰の薄い者でして……」「いやぁ、あなたは大変信仰の厚い方だ」。信仰が「浅い」とか、「深い」ということもあります。聞いている私はつい「じゃあ何センチだと薄くて、何センチ以上あると厚いというの?」などとからかいたくなります。こういう言い方の背景に、どうも信仰を人間自身の信念とか、確信の強さで計ろうとする傾向があるように思われるのです。

以上の他に、信仰が「大きい」とか「小さい」とかいう言い方もありますから「信仰」を何か所有物か、あるいは量的に計れるものと勘違いしている向きがあるのではないでしょうか。

たしかに、聖書には、イエスが弟子たちに向かって「信仰の薄い者たちよ」と言っておられるところが沢山あり、人間の側の信仰心が問題にされ、しっかりした信仰を持っているかどうかが問われ、信仰を持ち続ける忍耐が要請されることがあることは否定できません。しかし、本質的には、信仰とは、神の言葉を信じるか、信じないか、神の真実に信頼するか、しないかのどちらかで決まるものだと思います。

「わたしどもの信仰を増してください」と弟子たちが頼んだときに、イエスが「からし種一粒ほどの信仰があれば」充分だと言っておられるのは、その証拠でしょう（ルカ一七・五―六参照。「からし種」は最も小さいものの象徴）。私の若い頃の師は、「信仰は、あるかないか、百点か零点かのどっちかしかない」と口癖のように言っておられました。

私たちには、どんなに決心しても、自分を励まし、打ち叩いてみても、神を信じ続けること、信頼し続けることが難しくなり、息切れしたり、いやになったり、あきらめたりすることが有り得るのです。なけなしの信仰を、元も子も無くしてしまうくらい、私たちは弱く、あてにならないものなのです。

信仰の祖と言われるアブラハムほどの人でも（あれほどの立派な決断をして、神を信頼し、一切を神の言葉に賭けて出発した模範生でも）、神の約束の実現を信頼して待つことが出来なくなり、神サマそっちのけで、ジタバタしたりすることがあるのだということを、創世記は正直に語っています。そういう意味では聖書の登場人物は、決して近づき難い聖人君子などではありません。

創世記一五章の前半の問答は、神が、子孫を与える約束をして下さったのに（それこそ神の祝福の中味であった）、一向に実現の気配がないので、しびれを切らしたアブラハムが、「だから私の僕（奴隷）を養子にすることにします」と、神をさし置いて勝手に決めたことを告げています。神の約束を信頼して待てなくなっているわけで、これはアブラハムの不信仰にほかなりません。

次の一六章に行くと、何と、二人の間には子どもが出来ないと見切りをつけたアブラハム夫妻が、共謀して、〝おめかけさん〟を置いて子どもを産ませる算段をしています。これもまた、神の約束を待ちきれない不信仰以外のなにものでもないでしょう。こうして、人はしばしば信仰をなくしてしまうのです。

神の言葉は、どこまでも「言葉」であり、「約束」であって、それ以上ではありません。その実現を信じて待つ以外に、何の保証もないのです。とすれば、アブラハムならずとも、ジリジリして待ち切れなくなるのは、当たり前とも言えるでしょう。

にも拘らず、私たちが、（そしてもちろんアブラハムもですが）結局信仰をなくさないで済み、とにもかくにも信仰者であり続けることが出来るのは、人間の側の努力や忍耐ではなく、神ご自身の真実が変わらないから、神ご自身の確かな保証があるからなのです。そのことを示しているのが、今日のテキスト（創世記一五章後半）に語られている古い契約の儀式なのです。

二つに裂いて、向かい合わせに置いた犠牲の動物の間を、約束を結ぶ当事者双方が通り抜けて、もし約束を守らなかったら、この犠牲の動物と同じように、真二つに裂かれてもよいという意思表示をするのだと言います。ここで結ばれた約束は、自分の命にかけて守るという保証を与えることを意味しています。

このアブラハムの契約の儀式で顕著なことは、一七節によると、神だけが犠牲の動物の間を通られたのであって、アブラハムは通っていないということです。実は、そこがポイントでして、アブラハムに祝福を与えるという神の約束については、ただ神だけが責任をお持ちになるということが語られているのです。たとえ人間の側に不真実があってもそれは問わない、しかし、神は、ご自身にかけて、ご自分の約束に忠実であられる。そういう保証が、この儀式を通してアブラハムに与えられているのです。アブラハムの信仰は、この神の約束の保証によってだけ支えられていることを私たちは知らされます。

このように、私たちの信仰の確かさは、人間の側に根拠があるのではなく、神の側にだけあるということ、ただ神の真実だけが、神と人間の関係の基本なのだということが、全聖書を通じて語られていると言ってよいでしょう。ことに新約聖書では、イエス・キリストにおける神の真実として私たちに示されることになるのです。礼拝は、この私たちに対する神の真実にふれる機会であり、神の祝福の確かさを確認する機会なのであります。

（一九九三年六月一七日　山手）

信　仰——自分のためばかりでなく

創世記第一八章一六—三三節

最後に、「信仰は誰のためのものか」という問題に触れておきましょう。

「〝誰のため〟と言ったって、〝自分のため〟に決まっているではないか」と言われそうですが、確かに、信仰がその人自身の主体を賭けた営みであり、その人の人生そのものであってみれば、「誰が何と言ったって、この私が、この私の人生を、この信仰によって生きるのだ」という排他的、個人的な性格を持っていることは間違いありません。それだけに、信仰者になるかならないかは、一人一人の自由な主体的決断に任されなければならないわけです。いくら、信仰が世のため、人のためになるからといって、それを無理矢理押しつけたり、権力をもって強制したりすることは、まさに余計なお節介であり、むしろ危険なことでさえあります。もちろん、私はいわゆる伝道を否定しているわけではありません。ただ余りに〝伝道熱心〟になって他人のお節介をやくより、自分の信仰をしっかりと生きたら良いと思っているだけです。

ただ一つ、そこに問題があります。私たち日本人は殊にそうなのですが、信仰というものをその人の内心の問題、その人の心の平安の問題（よく〝安心立命〟などという言葉が使われる。もとは仏教用語だが、ご存知ない方は辞書をどうぞ）としてだけ捉える傾向があるということです。信仰とは、そういう個人的、内面的な世界への閉じこもりと考えられ、なまの現実の世界から目をそらし、世の中の問題を担わなくなることだと見られることが多いのです。そこで、信仰を持つ人たちのエゴイスティックな逃避性が非難されるというようなことが起ってくることにもなります。

キリスト教会でも、そういう内外の批判に応えて〝世のためにある教会〟とか、政治を含むこの世の問題に積極的にかかわるキリスト者の在り方を盛んに問題にするようになりました。例えば、平和運動とか、様々の社会奉仕とかは、それはそれで大事なことであり、そのような取り組みが全然無意味だなどとは思わないのですが、しかし、敢えて言えば、私は、一人の人間が、ほんとうに信仰者としてこの世に存在し、そこで信仰を全うして生きているならば、そのことだけで、すでに彼は「世のために在る」のだと思うのです。

先程よんだ創世記一八章の後半は、アブラハムがソドムという町を神の審きの手から救うために、懸命に神と掛け合ったという話が記されています。神は、ソドムの町をその甚だしい罪の故に滅ぼそうとしておられるのですが、アブラハムの言い分は、「いくらソドムの町全体が悪いと言ったって、その中には正しい人間もいるだろうに、それを一緒くたに滅ぼしてしまうのは、神さまのなさり方として正しくないのではないか」というものです。「正しい者を悪い者と同じ目に遭わせるようなことをもしなさったら、神さま、あなたの名誉にかかわることではないか」というような言い方をして、神に食い下がっています。そして、「町の中に正しい者が五十人いるなら赦す」から始まって、四十五、四十、三十……とまるで神と値切り交渉をするようにして、とうとう「十人の正しい者がいるなら街を滅ぼさない」という約束を取りつけて終わっています。

この話は、祈りというもののダイナミックな様相を描いていると思います。祈りは、決してもの静かな瞑想みたいなものではありません。ブツブツと孤独につぶやく独り言でもないのです。このアブラハムのように神を相手に格闘するようなダイナミックなものなのです。

しかも、祈りは、自分の心を慰めるための、自分一人の満足のためのものではなく、他者のため、世のために祈る「執り成し」ということにむしろ使命があるのです。「神」という明確な人格的存在を知らない世の人々に代わって、いわばこの世の代表として祈ることこそ、信者に与えられた使命なのです。私は自分が仕えてきた教会で、「もう歳をとってしまって、私は他人様のために、何もすることが出来なくなってしまった」と嘆くご老人には、「自分の力では何も出来ない人の祈りをこそ、神さまは聞いて下さるのですから、今こそ他人のために祈る使命を果たしてください」と奨めてきました。神を信じる者に与えられた「祈る」という特権は、他者のために祈るという使命と結びついているのであって、決してその人個人の満足のためにあるのではありません。

もう一つ、このアブラハムの執り成しの祈りでは、最後のところで、ソドムの町に十人の正しい人さえいるなら、町を滅ぼすことはしないと神が約束しておられるのですが、このことに関連してお話しておきたいことがあります。そもそも、この「正しい人」の「正しさ」は、単なる倫理道徳上の正しさではなく、神との関係の正しさを意味しているということ、そして、ここでは交渉は「十人」で打ち切られていますが、話の流れとしては、神はたとえ「一人でもいれば滅ぼさない」と言われたと思うのです。神は、この世界と人間を、どうしても滅ぼしたいと思っておられるのではなく、何とかして救いたいと願っておられるに違いないからです。

残念ながら、その「一人」さえも居なかったのでソドムは滅びました。一九章によると、その町からロト一族だけが救い出されたのは、アブラハムの（正しさ）故であったと言います。ソドムの町は、この世界の縮図です。決してソドムだけが特別退廃の町というのではありません。そして神は、このソドム的世界の中に、滅びをとめる「一人」を存在させるために、イエス・キリストを送られたのです。（この側面からイエス・キリストの存在の意味を語っている箇所として、例えばローマの信徒への手紙五章一二―二一節などを読んで頂けるとよいと思います。）

このイエス・キリストを信じることによって、神との正しい関係に生きる者、すなわち信仰者が、この世に存在することは、それだけでこの世界の滅びを押しとどめていると言ってもよいのです。

「何を大それたことを――」と言われそうですが、これは決して誇大妄想ではありません。一人の信仰者の存在は、――その人が本当に真剣に神を相手に生きている限り――そこに存在しているだけで、「世のためにある」のです。

（一九九三年六月一八日　山手）

聖書に親しむ――見るのでなく聞くこと

ローマの信徒への手紙第一〇章一六―一八節

本年は、特別礼拝週間の講師として、与えられた「聖書に親しむ」というテーマにそって、聖書の真理への対し方、近づき方の骨《こつ》みたいなことを四回連続でお話させて頂きました。そのうち三篇を寄稿します。

私たち人間は、ものごとを認識するために様々な感覚機能を働かせています。中でも「見る」機能と「聞く」機能は重要な働きをしています。それらは、単に物理的に目で見、耳で聞くこと以上に、人間の精神活動に大きな影響をもたらします。つまり私たちには、見ることによって開かれる認識の世界と、聞くことによって開かれる認識の世界があるわけです。

ある人によると、古代ギリシャ人は見ることを重んじたので、彼らによって実証的な科学の世界が開かれたと言います。それに対して、聖書の民族ヘブライ人は聞くことを重んじました。それによって彼らは信仰の世界を開くことになったというのです。もちろん、どちらも大切な認識の世界ですから優劣ということではありません。しかし、信仰の世界——私たちが目の前にしている聖書の真理の世界は、「見る」ことによってではなく、「聞く」ことによって開かれるということだけは確かです。

ものごとをよく見るという姿勢は大切ではありますが、実は自分が今見ていることが、それですべてだと思い込む危険があります。「百聞は一見にしかず」と言うように、口をすっぱくして説明するより、一目見せた方が早いということはあります。しかし、そこで見たものが全部なのだと思いこまれては困ることだってあるのです。テレビの恐さは、映し出された画面の外側のことや裏のことが、全く見えないということにあります。

もともと私たち人間のからだの「見る」という感覚構造は、対象そのものを（誰が見ても同じように）客観的に見るようには出来ていないと言います。実に複雑な仕組みによって成り立つ、きわめて主観的な装置なのだそうです（山鳥重『脳からみた心』ＮＨＫ出版）。だから「見る」ことによってものごとを「知る」とか「理解する」場合には「限定する」とか「支配する」という意味合いになると指摘する人もいます。対象に対する私たちの姿勢としては、「主体的」であり「能動的」ですが、それだけに「独断的」になってしまうおそれがあると言えるでしょう。

「神さま」という方が、人間の目に見えないのは、実は理にかなっているわけで、もし見えるものだったら、見た人間に限定され、支配されてしまうことになります。作家の椎名麟三

（どうか椎名誠と間違えないでほしい）が、このことに関して面白いことを言っています。彼は、神さまが、自分のような人間に簡単に見られない存在だからこそ安心なのだと言います。もし見ることが出来るなら、その神は一寸はえらいかもしれないが、気にくわなければ唾ぐらい吐きかけてやることもできるだろうからというのです。

旧約聖書の昔から、聖書の世界は、見ることによってではなく、神のみ言葉を聞くことによって成り立ってきました。聖書の神は、その民に対して「聞け、イスラエルよ！」（申命記六・四）と語りかける神であり、その神から遣わされた預言者たちは、繰り返し「主はこう言われる……」と神の言葉を語り聞かせようとしたのでした。その神の言葉に耳を傾け、聞き従うことが、神の民と呼ばれる人たちに生命をもたらしたのです。

目の不自由な方を貶《おとし》めるつもりは全くありませんが、私たちが目をつぶって、目で見ることを一切断念して、ただ耳で聞くだけの世界を想像してみたらどうでしょう。多分不自由で、不安を伴うことに違いありませんが、その分、ひたすら聞いて、状況を知り、事柄を理解し、信じ受け入れるということにならざるを得ないでしょう。極端に言えば、見ることが出来ない場合は、聞いて信じなければ生きて行けないことになります。だから、「信じる」とか「受容する」といった謙虚な姿勢は、このもっぱら「聞く」ということから生まれてくると言ってよいでしょう。

聞くことだけがすべてとは申しませんが、最初に読んだローマの信徒への手紙一〇章一七節に「実に、信仰は聞くことより、しかも、キリストの言葉を聞くことによって始まるのです」とあるのは、聖書の真理に対する最もよい姿勢は、耳を傾けてひたすら聞くことだということを示しています。

現代は、どちらかと言うと「見る」ことに偏っているのではないでしょうか。「活字離れ」と言われて久しくなります。本を読むには目を使いますが、実際には読書は聞く世界に属すると思います。「本を読む人より、本を書く人の方が多い」と言われるほど本は出ますが、ほんとうに耳を傾けて書物から聞こうとする読者は少ないのが現実です。若い人たちを中心に、依然として人気が高いのが漫画、劇画等いわゆるコミックの類です。私などつい漫画をマジメに「読んで」しまうので時間がかかりますが、彼らはパッと「見て」感じ取るようです。えらいもんだと思いますが、同時に非常に「独断的に」見ているのではないかと心配になります。

最も近頃は、結構聞く世界も人気があるようです。ラジオが思いのほか聞かれています。音楽を耳に流しっぱなしの人もいます。しかし、残念ながら、同じ「聞く」のでもただ「聞き流す」だけでは新しい世界は開けないのではないでしょうか。講義や講演を折角聞いても、「見る姿勢で聞いている」人が多いように思えるのです。

イエスが「聞く耳のある者は聞きなさい」と言われた意味は深いと思います。その気になって「聞き取ろう」という姿勢で近づく時、はじめて聖書の世界は開けてくるでしょう。

（一九九六年六月四日　山手）

聖書に親しむ――眺めるのでなく目指すこと

ヨハネによる福音書第八章三一―三八節

宗教というものは、その宗教の開祖が説いた「教え」を信奉するものと普通考えられています。「み仏の教えを信じて」とか、「親鸞上人の教えに従って」というような言い方をします。ところがキリスト教では、イエスが説かれた教えを信奉するのではなく、イエスというお方そのものを信じるのです。

聖書をよく知らない人は、聖書という書物には、「イエスの教え」が書かれているのだと単純に思っているようです。しかし、福音書などを実際読んでみると、教えは一部であって、主としてイエスという方はどういう方で、何をなさったかということが書かれていることが解ります。今日テキストにしたヨハネによる福音書の終わりの方二〇章三〇―三一節を見て頂くと、この書が書かれた目的が記されています。「これらのことが書かれたのは、あなたがたが、イエスは神の子メシアであると信じるためであり、また信じてイエスの名によって命を受けるためである」と。福音書だけでなく、新約聖書全体が、イエスという方を理解するために書かれているといってよいのです。

では、旧約聖書はどうでしょうか。ヨハネによる福音書の五章三九節に「あなたたちは聖書の中に永遠の命があると考えて、聖書を研究している。ところが、聖書はわたしについて証をするものだ」と記されています。この場合の「聖書」は旧約聖書のことであり、キリスト教は、ユダヤ教の聖書を、イエスがキリスト（救い主）であることを証言する書物としてそのまま自分たちの聖書として引き継いだのです。

こういうわけで、私たちが聖書を読む時には、そこからイエスの有難い教えを汲みとるとか、冷たい客観的真理を見出して眺めるのでなく、イエスという生きた人格を見出し、救いの真理そのものであるイエスを目ざして進むことが大事なのです。

劇作家矢代静一――彼はカトリックの信者です――が、あるエッセイの中で語っていた少年時代の一コマが印象的でした。彼が小学生の時のこと、水泳の訓練で、ある海岸に合宿しました。彼には初めての水泳だったのですが、ようやくいくらか泳げるようになった日に、「あの飛び込み台まで泳いでみろ」と、五メートル程先の台をさして教師が命じたそうです。しかし、矢代少年は不安が先に立ってどうしても泳ぐ決心がつきませんでした。その時、その教師が「仕方がない。俺が立っていてやるから、俺を飛込台と思って泳いでこい」と言ってくれたというのです。

矢代は言います、「あれは全く不思議なものです。飛込台というものが目標の場合と、先生という存在が目標の場合とでは、こちら側の精神的緊張感がまるで違うのです。気を失いかけても、ぶくぶく沈みかけても、飛込台はしらんふりですが、先生なら助けてくださるという安心感がある」と。そして彼は夢中になって泳ぎ、気がついたら教師の手の中にいたというのです。「人間は、信頼している人が自分を見守っていてくれると分ったとき、自分でも思いがけないような力が湧き、思いきった行動が出来るのではないでしょうか」。矢代はこんな風に分析しています（『聖書――この劇的なるもの』主婦の友社）。

テキストの三二節に「あなたたちは真理を知り、真理はあなたたちを自由にする」と言われています。「真理はあなたがたに自由を得させる」という句を、標語聖句にしている学校もありますが、実はこの句の「真理」は、学問の真理とか科学的真理といったものではありません。ここでは、「真理」とはイエス・キリストご自身のことであります。すぐ後の三六節に「もし子があなたたちを自由にすれば、あなたたちは本当に自由になる」と言われていますが、その「子」とは、もちろんイエスのことです。だから「真理があなたたちを自由にする」というのは、間違いなく「イエス・キリストがあなたたちを自由にする」ということなのです。世の中の真理は、時に私たちを不自由にすることさえあります。

しかも、この「自由」は、身体的自由、身分的自由、精神的自由、思想的自由といった私たちが普通考えている、あるいは求めている自由ではありません。それは、私たち人間存在の根本にかかわる「罪からの自由」です。神に背いて「罪の奴隷」（三四節）になってしまっている私たちが、神の前に自由な人間として生きることが出来る――そういう自由です。「そんな自由なら、どうでもいい」と皆さんは言われるでしょうか？

しかし、どう思われようと、聖書の真理は、すべてイエス・キリストというお方に収斂して行きます。聖書の世界は、イエスというお方がすべてのすべて、いわばオールマイティだと考えて頂いてよいのです。聖書という書物は、このお方が解るための書物だと言えましょう。

ヨハネによる福音書には、「わたしは道であり、真理であり、命である。わたしを通らなければ、だれも父のもとに行くことが出来ない」（一四・六）というイエスの言葉も記されています。このイエスという方を目ざすことこそ聖書への近道なのです。

（一九九六年六月五日　山手）

聖書に親しむ――中立でなく賭けること

使徒言行録第五章二七―四二節

今読んだ聖書の箇所は、最初の教会の指導者であった使徒たちが、当時のユダヤ教の最高機関サンヘドリン（最高法院あるいは議会と訳される）に引っ立てられて尋問を受けているところです。ユダヤ教のおえら方は、使徒たちが、「あなたがたが十字架につけて殺してしまったイエスこそ、罪の赦しのために神によって復活し、天に上げられたまことの救い主なのだ」と力強く証言し、民衆をあおっているのを許しておけなかったのです。どんなに威丈高に脅してみても、まるでひるむことのない使徒たちの堂々とした態度に業を煮やした議員たちは文字通り殺気立っています（三三節）。

その時「まあまあご一同、そうカリカリなさるな」と議場をおさえたのが、尊敬を集めていた律法の教師ガマリエルという人でした。彼は「今まで、何か世間を騒がすような徒党が出ても、その首領が殺されれば結局消えてなくなったじゃあないか。この連中だって、もう首領のイエスは始末してしまったのだから、ほうっておいても消滅するだろう。それにもしも、彼らがほんとうに神から出たものだとしたら、どうしたって滅ぼすことなんか出来ないばかりか、その場合には、あなたがたが神に逆らうことになってしまうぞ。だから、ここは取り敢えず手を引いて、成り行きに任せた方がよいのではないか」というようなことを言っているのです。

このガマリエルの態度は、いかにも知識人らしいというか、成熟した大人の態度と言えるかもしれません。こうした、肯定にせよ、否定にせよ決定的なことは言わないでおく（ずるいとも言える）中立の姿勢は、私たち日本人の心情にぴったりくるとも言えましょう。

昔観たキリシタン弾圧時代の長崎を舞台にした芝居の中で、厳しい棄教の要求に断固屈しないキリシタンを持て余した詮議の役人が吐いた台詞を思い出します。「キリシタンの神が偽物なら、それに命を賭けるのは愚かなことではないか。また、もしキリシタンの神が本物の神なら、ほうっておいても神であるだろうに、なにもお前たちが命を捨ててまで守ろうとしなくともよいではないか」。

「信心もよいが、ほどほどに」とこの役人のように多くの日本人は考えているようです。ことに昨年のオウム真理教騒動以来、私の授業を受ける学生の「宗教の印象」に、「宗教も悪くないが、のめり込むと怖い」と書く人が増えました。キリスト教や聖書とのつき合いも、「ほどほどに」しておくのが賢明なのでしょうか。

日本に読者の多いヘルムート・ティーリケというドイツの牧師の「キリスト教の真理の特質」という文章を読んだことがあります。彼は、哲学者カール・ヤスパースの『哲学的信仰』

という本から、ヤスパースが真理を二つの型に分けていることを紹介しています。

すなわち、第一は「信仰的真理」であり、その真理は、それを主張する者が主体を賭けて信ずるところに成り立ち、もしその人が主張することを止めれば、真理でなくなってしまうようなものです。それ故、この真理は主観的であり、絶対的であり、実存的である。ヤスパースは、その例として、自説の強烈な主張のために異端者として処刑されたジョルダーノ・ブルーノ（一五四八―一六〇〇）という有機的汎神論者を挙げています。彼は自分の主張、自分の信仰に命を賭けましたが、彼の死とともにその真理も消えてしまいました。

第二の「知識的真理」は、人が主体を賭けて主張しなくても、それ自身真理であり続けるものであり、それ故、その真理は客観的であり、普遍的であり超時間的です。その例としてはガリレオ・ガリレイ（一五六四―一六四二）が挙げられています。彼は、コペルニクスの地動説に賛同したために宗教裁判にかけられ、自説を撤回しましたが、その結果地球が廻らなくなった訳ではありません。

お解り頂けると思いますが、ヤスパースによれば、信仰的真理＝ブルーノ的真理は客観的に証明できません。それ故、その真理を信じる者は存在を賭けて明らかにしなければなりません。彼を抜きにしたらその真理は存在しなくなるのです。それに対し知識的真理＝ガリレイ的真理は証明可能であり、主張者が口を閉ざしても、真理は真理であり続けます。「およそ証明が可能であるような真理のために、死を賭することは無意味である」ということになります。

さて問題は、「キリスト教的真理」はそのどちらかということになりますが、ティーリケはそのどちらでもないと言います。彼は「キリスト教の真理は、私なしにも存在するが、私なしではあらわにならない」という言い方をしています。キリスト教の真理は、人がそれを信ずると否とにかかわらず存在する客観性を持っていますが、誰でもが同じように認識できるものではありません。受け取る人が主体を賭けなければ、その人にとって真理としては機能しないというのです。

私なりに言いかえると、（前回お話したように）聖書の真理はイエス・キリストという人格そのものです。彼がこの世界の歴史の中に具体的な一人の人間として存在し、十字架刑で死んだということは、客観的な事実です。そのことを知識として認識することは誰にでもできます。しかし、それだけでは、その認識は真理でも何でもないでしょう。その人に何ももたらすことはありません。

しかし、イエスが十字架に架けられて死んだのは、ほかならないこの私のため、この私を罪から解放して生かすためだったのだと自分の主体を賭けて信じるときに、それははじめて、その人にとってかけがえのない真理として機能する訳です。

聖書に語られているキリストの真理は、それ自体で、誰の助けも借りずに真理であり続けます。だがそれに対して、こちらから特別反対したり、否定したりすることはしないけれど、さりとて積極的に身を入れて信じようともしないで「ああそんなもんですか」と、どこか引けているような姿勢、あのガマリエル的中立の態度で臨んでいる限りは、それ以上聖書の世界は開けてこないでしょう。

一億総評論家の時代と言われる今日、人々は能書ばかりは一人前以上に言うくせに、自らその場面に飛び込んで、主体的に問題を荷ったりはしません。すべてはほどほどにやって行こうという人が大部分のように見えます。聖書に対しても、同じようにつかず離れずであったらそれ以上なにも起こらないでしょう。皆さんがどこかで決断して、自分を賭けて聖書の真理を自分のものにして下さるようにと願っています。

（一九九六年六月六日　山手）

第二部　人生への問いかけ

人生へのチャレンジ――危険をおかして生きる

マタイによる福音書第二五章一四―三〇節

この箇所は、「タラントのたとえ話」と呼ばれてきました。新共同訳は原語に忠実に「タラントン」としていますが、それは重さの単位で約三二キログラムだそうです。マタイによる福音書ではそれがお金の単位で使われ、一タラントンは六、〇〇〇デナリに当たるとされています。労働者の一日分の給料が一デナリだったと言いますから、一タラントンは約二十年分の稼ぎと考えて頂けばよいでしょう。要するにかなりの高額なのです。

話そのものは単純で、ある主人が、三人の僕に、それぞれの力に応じて五、二、一タラントンを預けて旅に出、やがて帰ってきてひとりひとりと清算をしたというのです。昔からこれをわれわれの人生に当てはめて、「タラントン」を、神さまから一人ひとりに貸し与えられた「才能」と受けとめ、与えられた才能はそれぞれに違うが、それなりに生かして用いることが大切なのだというお説教に使われてきました。英語のタレント（talent）という言葉はこれに由来します。

しかし、このたとえ話は、ただ人間の才能や能力の問題としてではなく、人間の生そのもの、人生の根本構造を示すものとして受け取られることが大事だと思います。われわれはみな、それぞれの人生を、それぞれに神様から委託されてこの世で生きているのです。従って誰もみな、必ず主人の前で清算をしなければなりません。委託主である神さまから、「いかに生きたか」を問われない人生はないということです。

このたとえ話の僕たちは、その結果を、でなく、いかに振舞ったかを問われています。五タラントンをもうけた僕も、二タラントンもうけた僕も、全く同じ言葉で誉められています。それは、二人ともそれぞれに、委託に対して忠実であったことが認められているからです。

問題は、一タラントンを預けられた僕です。彼は、主人を厳しいだけの人と思い込んでおり、主人を恐れていてほんとうに信頼してはいません。この委託を喜んでいないばかりかどこか悪意、敵意をもってさえ見ているようです。

だから彼は思いきった金の使い方ができません。「無くしたら大変だ」とただビクビクして、一番安全な道を選びました。「地の中に隠しておく」というのは、当時の常識では一番安全な保管方法だったのです。商売は「元も子もなくす」危険があり、銀行は倒産・逃亡の危険があり、家の中は盗難の危険がある。そうした一切の危険を避けて、ただ元金だけを無くさないようにとしか考えなかった彼は、自分だけが知っている地面に、金を埋めておいたのです。

しかし、この安全策のために、彼はかえって主人からひどく叱られています。「怠け者の悪い僕だ」と。主人を信頼して、自分に預けられたものを用いて、思い切ったことをしなかったことが問題なのです。彼は最後まで「あなたのタラントン」「あなたのお金」と言っていて、決して自分のものとして受けとめようとしていません。

前の二人の僕は、それぞれに大もうけをした報告をしていますが、それは結果に過ぎないのであって、大事なことは、二人が主人の委託に忠実であったということでしょう。二人は、主人を全面的に信頼していました。逆に言えば、主人が自分たちを信頼して、こんなにも高価なものを全面的に委せてくれていることを、喜びをもって受けとめていたのです。だからこそ、思い切って、危険を承知で、大胆な商売をしたに違いありません。その結果、もし失敗して一切を失ったとしても、おそらく主人から、一タラントンの僕のような叱られ方はしなかったでしょう。

この「タラントンのたとえ話」から、皆さんに読み取ってほしいことは、われわれの人生はみなひとりひとり個別に、その人だけのものとして、神さまから委託された大変高価なものなのだということです。自分の人生の根本構造をこのように受け取る時、はじめて「いかに生きるべきか」という課題がはっきりしてくるはずです。一タラントンの僕のように、人生をこのようなものとして受け取ることを拒否するなら、その人にとって、人生は全く別様のものになるでしょう。

「神さまから委託された人生」と言っても、その神さまは、いつも側にいて、直接あれこれと、それこそ箸の上げ下ろしにまで口出しするような方ではありません。すべてを委せて旅に出た主人のように、われわれを信頼して、一切われわれの手に委ねておられるのです。

それ故、このような主人、このように委せてくださる神さまを信頼すればするほど、われわれは自由に、思いっきり「自分の人生」を生きることができます。委託だから、思い通りには生きられないとか、不自由だとか窮屈だとかいうことは決してないのです。

ただ、それが委託である以上、必ず清算をする時がくる。好むと好まざるにかかわらず、これだけは誰も避けることはできません。一タラントンの僕のように、委託を喜んで受け取らないものも、主人の前にだけは、必ず立たなければならないのです。そして、ただちんまりと安全運転だけを心掛けたような人生を生きた者は、あの僕と同じように、厳しい叱責を受けなければならないでしょう。

むしろ、委託に応えようとすればするほど、思いきってチャレンジして、あえて言えば「危険をおかして」生きるべきだと思います。勿論ただ向こう見ずな、生命知らずの冒険さえすればよいのではありません。しかし少なくとも、昔から言われているような「沈香も焚かず、屁もひらず」といった「可もなく不可もない」つまらない人生だけは生きないでほしいものです。

（一九八九年五月一日　緑園）

使命から逃げないこと

ヨナ書第一章一—三節

「聖なる志を立てる」という今週のテーマは、ひどく古風な感じがして（何とも大時代な感じで）少々閉口していました。「例えば〝ボーイズ・ビー・アンビシャス〟のようなこと」とある人が示唆してくれました。一八七六（明九）年、開校したての札幌農学校の教頭として着任したウィリアム・S・クラークが、一年足らずの教育活動の中で、一期生たちに多大な感化を及ぼし、その離任を惜しんで見送った学生たちに、馬上から叫んだとされる「少年よ大志を抱け」という言葉のことです。札幌農学校の後身北海道大学の校内にあるクラークの胸像は、一寸した観光名所にもなっていますので、ご存知の方も多いでしょう。

その「ボーイズ・ビー・アンビシャス」の後に、in Christ とクラークは言ったのだという説があります。「〝キリストにあって志を抱く〟のだから、〝聖なる志〟に違いあるまい」とその人は言うのです。なるほど、机上の小さな英和辞典には「Boys be ambitious ＝クラークの言葉」として「皆さん、（神の栄光を讃えるように）大いに努めてください」という訳がついていました。あたかもin Christ説を酌んだような意訳です。

事実、クラークの人格的、信仰的影響は、直接教えを受けた一期生から二期生にまで及び、後に「札幌バンド」と称ばれる多くのキリスト者の人材を生み出したのでした。ちなみに、四五年にわたり、母校の教育に携わった北大総長佐藤昌介、言語学者であり、教育者でもあった大島正健、無教会の指導者内村鑑三、教育者であると共に、「太平洋のかけ橋」として国際舞台で活躍した新渡戸稲造（旧五千円札の肖像の人）、北海道の鉄道、橋梁、築港の基礎を手がけた土木工学の広井勇などがいます。幾人かの名は、耳にされたこともおありでしょう。

一期生一五名（全員）と二期生一八名は、「イエスを信ずるものの誓約」に署名し、後に脱盟した人もいましたが、クラーク帰米後、宣教師M・C・ハリスから洗礼を受けてキリスト者となりました。そして、明治中期以降の日本の社会に、それぞれの分野で大きな働きをする人物としてそれこそ「志を抱いて」巣立って行ったのです。

けれども、この「アンビシャス」には異説があります。中学まで札幌で育った私の父が書き残した手記によると、「ボーイズ・ビー・アンビシャス」の後にはlike this old manと言ったのだというのです。クラーク自身については、帰国後不遇で、色々なことに手を出して失敗し、失意のうちに亡くなったというエピソードを記しています。「学生に〝大志〟を説いたが、己は〝野心〟に破れた」という主旨でした。

クラークが、実際にアンビシャスの後にどういうことを言ったのか？　あるいは言わなかったのか。あるいはまた、アンビシャスにどういう意味をこめたのか……。今のところこれ以上のことを調べてはいません。ただ、英語のambitiousという言葉には、良い意味も、悪い意味（野心というような）もあるということですから、それだけに、「ビー・アンビシャス」を受けとめる側に立ってみると、よくよく考えなければならないことがあるように思えます。

私たちが、自分の生き方や進むべき道について、何かの願いを持ち、志を立て、それを貫き通すために最大限の努力をするということは、確かに大切なことだと思います。何の目標も希望も持たず、ただ流されるままに、ついでに生きているだけ——というようなのは、折角与えられている命の使い方としては、下の下と言わなければならないでしょう。そんな人には、クラークならずとも「ビー・アンビシャス」と叫びたいところです。

しかし、自分だけの決意、自分だけの願いから出た「志」は、往々にして悪い意味の「野心」になってしまうのではないでしょうか。ただの利己的な「立身出世」になり、志が貫かれることで自分個人としての満足にはなっても、社会的に意味がなかったり、かえって、他者に犠牲を強いたりするようなことになりかねません。少なくともそれは「聖なる志」とは言えないでしょう。

むしろ、「聖なる」というからには、何か自分の意志を超えた大いなるものの意志が強く働いて、自分がその意志に同意するという形になるのではないでしょうか。時には、それは自分の願いとか、好みとか、得意とかとは食い違うということも起こるかもしれません。

だいたい人生というものは、すべて自分の思い描いた通り、願った通り実現して行くなどということは、めったにないものです。むしろ「こと志と違う」というようなことを沢山経験しなければならないでしょう。そんな時、自分の志と違うからと言って、後向きに、思い通りに行かないことを嘆いているだけでは、つまらないではありませんか。自分でもよくは解らないけれど、何かそのように強いられているところに、自分の「使命」（文字通り「命の使い道」）があると受けとめたら、もっと積極的になれるのではないかと思うのです。

旧約聖書のヨナ書という物語の主人公、預言者ヨナは、神さまからニネベの町へ行って神さまのメッセージを語れと命じられます。しかし彼は、ニネベとは反対方向へ行く舟にもぐり込んで逃げようとします。神さまが与えた使命は、彼にとっては不本意なものだったのでしょう。「自分には自分の人生設計がある――いわば志があるのだ」と思っていたのかもしれません。しかし、結局彼は神さまの手を逃れることができず、強いられてその使命を果させられることになります。（短い書物なので、是非読んでみてください。）

私たちは、「こと志と違う道」へと、どうしても避け難く追いやられるような経験をしたら、ひょっとすると、これこそ神さまが私に与えようとしておられる「使命」ではないかと、じっくり考えて見ることが必要なのではないでしょうか。自分にとって、一見価値あることのように見えても、本当はつまらない野望に過ぎないかもしれません。そんなことに固執するよりは、せめて不本意でも、自分に与えられようとする使命から逃げないことの方が、「聖なる志を立てる」ことになるのだと、私は自分自身の経験を通して思うのですが……。

（一九九六年一月八日　緑園）

苦しみも神からの贈り物

ヨブ記第二章三—一〇節

今歌った『讃美歌21』の四五一番 Amazing Grace は「白人のゴスペル」と呼ばれています。一九世紀にアメリカアで流行った平易な歌詞に甘いメロディをつけた讃美歌の一つです。日本の教会では「福音唱歌《ゴスペルソング》」などとよばれていました。

他方今流行の「ゴスペル」は、元々は一九三〇年代の不況の時代に、アメリカの黒人教会から生まれた讃美歌です。黒人霊歌（アフロアメリカン・スピリチュアル）や、ブルースあるいはジャズなどの影響を受けています。

ゴスペルの元になっている黒人霊歌の多くは、一七—一九世紀に生まれたもので、アフリカ大陸から奴隷として連れて来られて、辛い労働に追い使われた彼らが、自分たちの不幸な境遇や様々な苦難をただ甘受しているような、諦めの気分が強いものです。しかし、二〇世紀のゴスペルは、同じく悩みや苦しみの中から生まれたものですが、人生に対する肯定、この世に積極的に生きていこうとする姿勢が強く現れており、苦難がむしろ人生を深めるものとして受けとめられています。いわば、苦悩を突き抜けた魂の叫びとでも言えるところに特徴があります。ゴスペルによって励ましや癒しを与えられるという人が多いのは、そういうところから来るのでしょう。

さて、今週の礼拝のテーマは「苦しみ」です。人生には様々な苦しみがあります。肉体的な痛み、労働の苦痛、生活の悩み、人間関係から起こる苦しみ、様々な原因による心の痛みもあります。おそらく生きている限り人間は「苦しみ」を避けることはできないのではないでしょうか。

何故苦しまなければならないのか。何らかの理由を見出すことが出来れば、人はその苦しみに耐える事が出来ます。しかし多くはその何故が解らない。あまりに不条理な苦痛が続けば、絶望的にならざるを得ないでしょう。

私たち日本人は、ただでさえ過度な幸せ願望を持っています。人生は絶対シアワセでなければならない。どんな苦しみも不幸もあってはならないと思い込んでいます。だから一寸不幸や苦しみが重なると「どうして私だけがこんなに苦しまなければならないの？」と、手っ取り早くその訳を知り、苦しみや不幸から逃れたいと思うのです。

そこに付け込むのが、この国にわんさとある「ご利益宗教」「カルト宗教」の類です。「信心すればたちどころに解決する」「入信すれば幸せになる」。そういう誘いに簡単にひっかかって、金を取られ、財を奪われ、家族が崩壊したりして、結局以前より不幸せになってしまいます。

ついでだから言っておきますが、「オウム」とか「統一教会（「原理」とも言う）」とか、その他諸々のカルト宗教については、新入生の方達には充分に気をつけて頂きたいと思います。

「生き甲斐」「幸せ」「希望」「フレッシュ」など良いことずくめのキャッチフレーズが一番危ないのです。それにやたらと金がかかったり、勧誘熱心なのも気をつけましょう。

本来の宗教は「すぐに幸せになれる」とか、「何々に効く」といった即効性を売り物にはしません。人間とは何であるのか、人生とは何であるのか、何故、何のために人は生きているのかといった根本的な問題に応えようとするものなのです。だから苦しみの問題についても、人間が人間として生かされていること自体との関係で答えを得ようと努めます。

詳しく紹介する時間はありませんが、ヨブ記は旧約聖書の中でも特にユニークな書物です。全体は登場人物の対話による劇詩ですが、序幕と終幕は、ヨブをめぐる「物語」です。今日のテキストを理解していただくために一章を一寸説明しておきますが、神に忠実で信心深いヨブという男のことを、神さまがあまり自慢なさるのでサタンが賭けを挑むという設定です。

ヨブは神様から幸せを一杯もらって満ち足りているから〝神さま、神さま〟と敬っているのであって、すべての持ち物を取り上げられて不幸になったら、神さまを呪うに違いないとサタンは主張するのです。一章九節の「ヨブが利益もないのに神を敬うでしょうか」という問いがこの物語のテーマと言えるでしょう。

神さまの許可のもとサタンはヨブの一切の所有物と十人の子ども達を奪ってしまいます。けれどもヨブは神を呪うことをせず、「どうせ私は裸で生まれて来たのだから、裸で帰ればよい。与えられるのも神様、取り上げられるのも神様なのだ」と言って神をほめたたえたのでした

（一・一二）。

それでもサタンは負けずに、本人の肉体に苦痛を与えたら、いくらヨブでも神さまを呪うだろうと提案して、ヨブをすごい皮膚病にかからせたというのが二章の話です。

苦痛に耐えかねて、ゴミ焼却場の灰の中でもだえ苦しんでいるヨブに対して、彼の妻は「そんなひどい目に会ってもまだ神さまなんて言ってるの。神なんか呪って死んじゃいなさいよ」などと言います。しかし、それでもヨブは「お前までが愚かなことを言うのか。わたしたちは、神から幸福を頂いたのだから、不幸も頂こうではないか」（二・一〇）と答えるのです。

神仏は、良いもの、良いこと、幸せだけをくれるものだと思い込んでいる人たちにとっては、こんなに意外な言葉はないでしょう。「不幸や苦しみが神さまからの頂きものだなんて、そんな馬鹿な……」。ところが聖書には、こういう受け止め方は珍しくはありません。新約聖書フィリピの信徒への手紙一章二九節には、「つまり、あなたがたは、キリストを信じることだけでなくキリストのために苦しむことも、恵みとして与えられているのです」という言葉もあります。

どうでしょう、私たちの人生は、どう考えたって、全く苦しみなしに、一度も不幸に会うこともなしに済むなどということがあるでしょうか。ならばそれをどう受け止めるのか。苦しみは嫌だ。こんな目に会って損したと思うだけでは、すべてはマイナスで、ただ後ろ向きにしか生きられないということになると思います。

苦しみもまた神からの贈り物と受けとめる事が出来るなら、その苦しみを乗り越える力も生まれ、苦しみを生かす道も見出せるでしょう。打ちのめされてしまわない積極的な生き方が可能となるのではないでしょうか。

日本へ帰ってきて六〇歳を過ぎてから花開いたピアニスト、フジ子・ヘミングをご存知と思います。彼女は才能に恵まれながら、耳が聞こえなくなったり、チャンスを失ったり、ひとりぼっちになったり、食べ物もない生活を強いられたり……。それこそ不幸と苦難の連続でしたが、それらを決してマイナスにはしていません。彼女を支えたのは、神さまは必ず良いことも与えてくださるという信仰だったと思います。苦しみを突き抜けたことが、今の彼女の音色を深いもの、慰めに満ちたもの、人を打つものにしています。

彼女の『魂のことば』（清流出版）の一節を聞きましょう。

神さまは、その人にとってよいことをしてくださる。
私たちにも、そのことがいずれわかる時がくるはず。
自分では不幸だと思っていても、必ずしもそれは不幸ではないし、
逆に、いま幸福だと思っていても、それは真の幸福でないこともある。
神にすべてを委ねていれば、本当の意味がいずれわかる時がくるわ。

（二〇〇二年五月一七日　緑園）

「しあわせ」って何だっけ

ルカによる福音書第六章二〇―二六節

今読んだ聖書の箇所で、主イエスは、

「貧しい人々は、幸いである」

「今飢えている人々は、幸いである」

「今泣いている人々は、幸いである」

と語り出しておられます。その後対照的に、

「富んでいるあなたがたは、不幸である」

「今満腹している人々……は、不幸である」

「今笑っている人々は、不幸である」

と言われたのでした。

「どう考えても、これはおかしい」と納得がいかない方が多いのではないでしょうか。

私が若い頃お世話になった先生が、ある時説教の中で、この幸いと不幸を入れ替えて読み聞かせられたことがありました。「『貧しい人々は不幸だ』『今飢えている人々は不幸だ』『今泣いている人々は不幸だ』そして『富んでいる人々は幸いだ』『今満腹している人々は幸いだ』『今笑っている人々は幸いだ』」という具合に。そして「どうです？　スッキリしましたか」と問いかけられたのです。素直に頷いた人たちも居ました。

しかし私は、半分は納得しながら、逆に何となく割り切れなさを感じたのでした。幸せというものを、物やお金の豊かさ、条件や状態の良さだけに求めていて良いのかどうかを考えさせられたからです。腹一杯食べて、お金も充分あったら、それだけで「幸せ」と言えるのかどうか……。

過日、朝日新聞で面白い記事を読みました（七月一日）。インドの北東部にブータンという国があります。若い国王夫妻が来日して好印象を残していったのでご存知の方も多いでしょう。条件の悪いヒマラヤ山中の国で、「幸せの国ブータン」と称ばれるような独特な国造りをして来ました。「国民総幸福（GNH）」という独自な物差しで、公平さや環境に配慮した成長をしてきたのです。

たまたま今年四月に目にした記事で、ブータンの山間地の貧しい村で一日一食の暮らしをしている女性が、それでも私は幸せだと言っているのを半ば不思議に思ったものでした。多分、みんなが貧しいので、不公平感が無いのだろうと想像しました。

ところが、先の記事によると、そのブータンで、経済成長と共に対外関係がグローバル化し、国民の間に格差が意識され始め、富裕層はぜいたく品、特に高級車を求める人が多くなったというのです。そのため、まだ信号機が一つも無い街に車があふれ、交通事故の犠牲者が、昨年初めて一〇〇人を越えたそうです。なにしろ人口七〇万人の小国なのに、自動車の登録台数は六万五千台（五年で倍になったとか）。以前の鎖国に近い状態から、テレビやネットが解禁されて消費に火がついたというわけです。

で、記事のメインは、過度な消費を抑えるために、税をびっくりするくらい上げることにしたということです。自動車購入時の現行税率は五〇パーセント。それに四〇パーセントを上乗せすると政府が発表し、国会でこれが二〇パーセントに抑えられたのでした。それで消費は抑えられるのかとの問いに、「多分駄目だろう」と答えていたのは、この国の首相でした。

確かにダメでしょう。人間は、初めから無ければそれで済みますが、一旦良い物、良い状態を手にすると、必ずさらに良いものを求めるようになるという性質を持っているからです。

以前、学内礼拝で「しあわせ」という週題を担当したときに紹介したのですが、精神科の医師から作家になった加賀乙彦氏の『不幸な国の幸福論』（集英社新書）という本があります。その中で、学者が「快楽のトレッドミル」とか「満足度のトレッドミル」と呼ぶ心理メカニズムを説明しています。

人間というものは、幸せになると慣れによって幸せを感じる感度が鈍くなってしまう。それだけでなく、ある願望が達成され、外的条件が前より良くなれば、それに応じて要求水準が上がる。更に大きな満足を得られる何かが欲しくなる。その何かを手に入れたら求めるレベルは又引き上げられる。「もっと、もっと」と求めるだけ、ゴールラインはどんどん遠のいて行き、満たされることがない。

という風になるのを「満足度のトレッドミル」と言うのだそうです。「トレッドミル」とは、ペットのリスやハムスター、二十日鼠などが、カゴの中でカラカラ回している踏み車のこと、いくら一所懸命走っても、決して前に進まないあれです。私たち人間も、欲求を満たすことに幸せを見出そうとすると、生涯、永遠に辿り着けないゴールに向かって、ひた走ることになってしまうと教えられました。

これこれの条件を満たせば幸せになると考えて、お金や物、名声、美しさといった外的価値を重視しすぎるのは非常に危険だと加賀氏は述べています。

今、この国も格差が広がって、これまでこの国の社会でしあわせの基準みたいだった仕事、所得、地位といったものを獲得できなくなった、いわば達成感を持てない社会になっているのではないでしょうか。

これもたまたま月曜日の夕刊で見たのですが、(皆さん、新聞でいろんなことを考えたり、学んだりできますよ‼）姜尚中《カンサンジュン》東大大学院教授が、自分は在日二世として、若い頃日本の社会に流通している「幸福の方程式」に呪縛されていたと述べていました。そこには、幸福はこういう形、教育はこう、大人になるとはこういうことなんだという一種の「正常形」があって、みんなそれを目指していた。しかし、かつて中流の平均値だったそこそこの地位、所得、職業、教育……、在日から見ると「特権」だったそれらが、今は多くの若者、かなりの社会層の人々にとっても、「特権」になってしまっている（それこそ、「格差社会」の現われだと私は思いますが）。姜氏は、そこにしか幸せはないと思うようなその幸せの方程式の呪縛を解き放ちたい。もっと違う幸せの方程式があるのではないか。そういうことを訴えたいと言っていました。

先の加賀氏も、物や条件の多さ、良さによるしあわせではなく、挫折と逆境こそが、しあわせの原点ではないかという捉え方を示しています。

改めて、主イエスの教えが、私たちの常識に全く反するものだということが、意味をもっているのだと思わされます。

（二〇一二年七月一一日　緑園）

家族をする

創世記第二章二四節

結婚しても、子どもが生まれないというご夫妻はかなり多くあります。何としても自分たちの子どもを産みたいと願う人たちのために、様々な「不妊治療」がなされていることはご存知でしょう。

一昨日報道されたのは、卵子が出来ない女性に、他の女性から卵子を提供してもらい体外受精をさせる方法が、日本で初めて行われることになったということです。今まで、こういう方法で妊娠することは、海外へ行かなければ出来なかったので、朗報だと喜んでいる人もいるようです。

そのこと自体をとやかく言うつもりはありませんが、このように夫婦以外の要素が介在した場合には、その子本人に伝えるのかどうか、それは何時が良いか、あるいは卵子の提供者との関係や、父親との関係等々、将来家族関係のトラブルを引き起す要因となるものが、余りに多いと思えてならないのです。この国には、端から余計なことを言う人が多いのも、困ったことの一つです。

「自分たちの子どもが欲しい」という切実な願いは、十分理解できますが、それにしても、どうして「実子」＝「血の繋がった子」にそんなにこだわるのでしょうか、率直に言って、そのところが、私には疑問なのです。

外国では――特にアメリカなどでは、よその子を養子に迎えて育てるという事は、そんなに珍しいことではありません。場合によっては民族が違っても受け入れる人があるくらいです。それも複数で――。もっともこの国では「貰いっ子」というのが、それ自体差別用語として働き、いじめの種になったりするのですから、難しいことではあるでしょうけれど。「世間」という陰湿でいやらしい社会をなんとかしたいものですね。

ところで「家族の絆」とよく言われますが、その絆になるものは一体何なのでしょう。やはり「血のつながり」でしょうか。どうもこの国では「血縁」を絶対視し、血が繋がっていないのは「赤の他人」とする妙なゆがみがあるように思えます。それは、十五年戦争の敗戦で（より厳密に言えば、「日本国憲法」が施行された一九四七年まで）、「家」という形で家族関係を縛っていた「家父長的家族制度」の名残かもしれません。

一つの「家」の中心は、一組の夫婦という横の関係ではなく、戸主としての父親と血の繋がった長男という縦の関係でした。妻である女性の役割は「嫁」という字が表すように、「家」のために後継ぎを産むことで、その役に立たなければ、「出される」ことさえあったのです。

代わりの女性に子を産ませることも当然とされた程です。血縁関係を絶対視する縦社会……まだその影響が残っているのでしょうか。

聖書を生み出した民族古代イスラエル（ユダヤ人）の社会も、実は家父長的な縦社会でした。父祖アブラハムの妻サラは、自分に子どもが出来ないまま歳をとってしまったので、自分の女奴隷ハガルを主人のお妾さんにしてまで後継ぎを得ようとしています。その結果起ったごたごたまで含めて、創世記は正直に記しています。

しかし、そのイスラエルでは、そういう家父長的家族制度に真っ向反対する立場を表明し、「ノー」を突き付けた人たちがいました。それは今日取り上げた創世記の一部、通称「J」と呼ばれる「ヤハヴェ資料」の部分を書いたと言われる人々です。今読んだ創世記二章二四節は「こういうわけで、男は父母を離れて女と結ばれ、二人は一体となる」となっており、キリスト教の結婚式でもこのまま読まれます。けれども、正しく意味を捉えている人は多くはないのではないでしょうか。

一番大事な点は、「人が父母を離れて」と言われていることで、父母との縦の関係から離れて、人が自立することです。「離れる」という語のもとのヘブライ語は「見棄てる」という意味なのです、とても参考になる「岩波書店版」の翻訳がありますが、その創世記では旧約学者の月本昭男氏が次のように訳しています。「このゆえに、人はその父と母とを見棄てて、妻と結び合う。彼らは一つの体となる」。そしてこの節に「夫と妻の関係が親子のそれにまさるということ」と註をつけています。家族とか家庭というものの基本的な形は、親子という縦の関係ではなく、親から完全に自立したひとりの男性とひとりの女性が結び合って造る新しい横の関係であることを強く主張しているわけです。

人と人を結ぶ「絆」ということから言えば、家族というものは、血の繋がりに寄りかかった「肉親の愛情」を絆とするのではなく、独立した人と人との「約束」、あるいは「約束にもとづく愛」を絆として繋がるのが基本だということです。

この国では、バブルとよばれた経済成長から、やがて夢破れて不景気な時代に至るまでの間に、人と人の繋がりが希薄になり、様々な要因も重なって「家庭」が徐々に崩壊して行きました。離婚、家出、孤独死などの問題が大きくなり、ついこの間まで「家族」でなく、一人一人バラバラになってしまった「孤族の時代」などと言われてさえいました。

それが、あの「三・一一」以来、再び家族の絆の大切さが見直されるようになってきました。それ自体は良いとしても、その絆が依然として「血のつながり」重視であるならば、同じことの繰り返しになってしまいます。多くの家族を一度に失ってしまった方々を、淋しく孤立させるだけに終わるでしょう。

血の繋がりが無いところでも、暖かい家族が出来るような、新しい絆が生み出されて行かなければ、ほんとうの人と人との絆の回復にはならないのではないでしょうか。

皆さんは、「寅さん映画」をご存知でしょうか。渥美清が演じた「フーテンの寅」を主人公にした「男はつらいよ」シリーズです。全四八作中四六作を演出したのは山田洋次監督で、彼のライフワークと言ってもよい作品です。主人公は（「てきや」として）全国を旅して、行く先々で騒動を起こすのですが、必ず「葛飾柴又」の団子屋に戻ってきて、暖かい団欒の一時を過ごし、そしてまた「ぷいっと」出て行くのです。

観客の多くは、そこで「家族っていいよなあ」と思うのですが、実は山田洋次監督は、物語を考える時に、なるべく人物の血の繋がりを薄くしようと思ったというのです。例えば主人公寅と妹さくらは腹違いの兄妹、そろって叔父さん夫婦の世話になっています。その団欒には何時も「他人」が自由に加わるのです。山田監督は「ただ血がつながっているだけでは家族とは言えない。様々な事情を乗り越えて人間関係を築いていくことで、温かい家族になれる」と言います。彼にインタビューした記者は「家族は最初から『ある』ものではなく、積極的な意思の力で『創る』ものだという考えだ」とまとめていました。

三、四年前に読んだものの中にも、山田監督は「今の日本人は、人と人とのつながりを失ってバラバラになったまま、経済だけ成長した。これからは家族も血のつながりに頼るだけでなく、『家族をしなければならない』」と語っていました。

「家族をする」――私には実感があります。私の母は私が一〇歳の冬に死にました。翌年父が再婚し、私たちに「継母」ができました。彼女ははじめ、子ども三人の「母」になることは嫌だったそうです。父が「今日から〝お母さん〟と呼ぶように」と照れながら私たちに申し渡した時「どっちだっていいよ」と言ったのは母の方でした。私は言いづらくて、長いこと「お母さん」と呼ばないで済むように算段していました。後に母は「あんたは、ほんとにケムったい子だったよ」とこぼしていましたが、お互いに行き違いを重ねながら、家族になること、母子になることを学んだわけです。彼女は、しっかり家族をしてくれた弟夫婦の世話を受けつつ長生きしましたが、私のことを何時も「オニイチャン」と弟妹が私を呼ぶ呼び方で話しかけ、一番信頼してくれていました。お互いに生涯かけて「家族をした」のです。

皆さんも、今属する家族を見直し、血の繋がりに甘えないで、「家族である」ことに寄りかからず、「家族をする」「家族になる」ことを学んでほしいと思います。それが、やがて「親を見捨てて」、他人であるひとりの男性と約束による新しい家族を造って行く素地になるでしょう。

（二〇一三年五月一五日　緑園）

忙しくて祈らずにいられない

ルカによる福音書第一一章一―四節

イエスというお方は「祈りの人」でありました。彼は常に旅をし、弟子たちを訓練し、群衆を教え、敵対者と討論しました。「枕するところもない」不安と多忙のなかで、彼は絶えず祈っておられたのです。

イエスの祈りは、「お父ちゃん」と幼児が父親に呼びかけるような、神との間の親しい対話であり交わりでありました。それがイエスの力の源であったことは明らかです。

弟子たちは「自分たちにも祈ることを教えてください」と願いました。それに応えてイエスが教えてくださったのが、「主の祈り」と呼ばれる祈りです。その原型が今日のテキストに示されています。これは、何時でも、何処でも、そして誰でもすぐに神に呼びかけることができる祈りの雛型です。

宗教改革者のマルティン・ルターも祈りの人でありました。彼もまた実に多忙でした。日曜日に四回も説教することがあったと言います。週の間にも説教や聖書講義があり、多くの人々の面倒を見、指導し、聖書を読み、思索し、著作しました。その彼が、一日に何時間も祈りに費やしたというのです。おそらく睡眠時間の方がはるかに短かったでしょう。

「自分一人が正しくて、教会全体が間違っているなどということがあり得るだろうか」という疑問と不安の中で、「私はこうするほかない」と改革者の道を選んだルターを支え、力強く立たせたのは祈りの力であったと言ってよいでしょう。

かつて、二人の女性が書いた『主婦の祈り』という小冊子を読んだことがあります（ジョー・カー、エモジン・ソーレー著『主婦の祈り』藤本治祥・スミヲ訳、日本キリスト教団出版局）。忙しい主婦の生活の中で、ありのままの自分をさらけ出して神に呼びかけている祈りが記されていました。例えば次のような。

〈主よお語りください〉

主よ　お聞きください　はしためは語ります　時間がないのです
ですから急いで祈らなければなりません　十時には会合があり
子供たちには　今日は図書館へ連れて行ってやると約束しました
それに夕食の下準備もしておかねばなりません

居間はつむじ風でも通ったかのようにちらかり
アイロンかけのかごはあふれています
こんなゴタゴタした仕事にすぐかかれるように
急いで祈らなければなりません　ですから聞いてください

息つくひまもなく　いくつかの祈りをいたします

主よ　わたしはよい主婦　よい母親でありたいと思います
そのためには　ただやるべき仕事のリストをこなして行くより
ずっと大切なことがあるのを忘れていました
もし子供たちを図書館に連れて行く間じゅう叱りつけたり
こごとを言いながら連れて行くのなら　行かないほうがましなのです
ひややかな態度や　かっかとした口ぶりで出すご馳走は
さぞかし消化のわるいことでしょう

ですから　あなたと共にいるこのしばらくの間こそ
山と積まれたアイロンかけより　ずっと大切なことなのです

主よ　わたしの体がふるえているのをお許しください
静けさと確かさの中から　力がわいてきます
静けさのうちに　あなたと共にいるこのとき
「天にましますわれらの父よ　み名をあがめさせたまえ」
主よ　お語りください　あなたのはしためは聴いています

（『主婦の祈り』一六―七頁）

せわしなく自分の方からせっつくように神に語りかけたこの女性は、終わりには静かな心を取戻し、わき上がる力を感じ、神からの語りかけを聴こうとしているではありませんか。

何か形式ばった、言葉をととのえた「お祈り」ではなく、目の前にいる信頼する相手に、願いも、文句も、気持ちの揺れもあらいざらいぶちまけてしまうような祈りであってよい。いや、それこそが祈りなのだと改めて教えられたのです。

この本の原題は *Too Busy Not To Pray* というのでありました。「忙しくて、祈っている暇なんてない」「心落ち着けて神と向き合う時間なんて無いし、第一いらいらしてとても祈る気分になんかなれない」というのが私たちでしょう。

しかし、そうではなく、忙しいからこそ、心にゆとりがないからこそ、祈らないではいられないというのが、この本の著者たちです。おそらく祈ることによって、失われそうになっている自分を取戻し、物事に対して距離を置くことができる筈なのです。

神は私たちのすべてをご存知なのです。今更気どってみても、ウソっぽくなるばかりではありませんか。むしろ自分のありのままを神の前にさらけ出した方が、余程気楽になれるのです。私など、ずっと神さまに文句ばかり言って来ました。そうでなかったら、こんな楽天的な人間にはなれなかったでしょう。

「祈る人」は、一切の思いわずらい、恐れや痛み、いらいらや怒りや憎しみ、ゆとりの無さから解放されることとうけあいです。

（二〇〇三年一〇月二二日　緑園）

友　情——友の中の友

箴言第一八章二四節
ヨハネによる福音書第一五章一二—一五節

旧約聖書の「箴言」という書物は、英語の標題をProverbsと言います。処世の知恵を教えた格言集のようなものです。もちろん、ただの処世知ではなく、神さまを前提とした信仰による人生知なのですが、教訓好きの日本人にはぴったりのところがあり、聖書の中では比較的取りつき易い書物の一つと言えるでしょう。「箴」とは針という意味ですから、突き刺すような鋭い警句とも考えられます。

与えられた「友情」というテーマにそって「友人」についての言葉を、この箴言から拾ってみましたら、かなりの数がありました。(「引照つき聖書」や「コンコルダンス(聖書語句辞典)」を用いてしらべてご覧になるとよいでしょう。)

私が、以前中学生たちに教えていた頃、よく引用して話した覚えがあるのは、箴言一八章二四節です。「友の振りをする友もあり、兄弟よりも愛し、親密になる人もある」というこの句は、前に使っていた聖書協会の口語訳では、「世には友らしい見せかけの友がある。しかし兄弟よりもたのもしい友もある」となっており、私には、どうしてもその方がぴったりきます。長年、私自身が「兄弟よりもたのもしい」と思っている友人たちに支えられてきたことを実感しているからかもしれません。

私たちの人生にとって、「友人」が大切であることは言うまでもありません。そもそも、幼児期に友だちとよく遊べるかどうかは、その子の社会性の発達を左右する大事です。ただし、幼児期の友だちは、主体的に選んだのではなく、近くに居るとか、同じクラスであるとかいう受動的要素が強いのですが、思春期、青年期には、自分から積極的に友に出会い、選んで友となり、自分で友人関係を作って行くということが大切になってきます。同性の良い友人を得ることが出来る人は、やがて良い異性の相手を得ることにつながると指摘する向きもあります。けれど、ほんとうに「たのもしい友」を見出すことは、そう簡単なことではありません。「金の切れ目が縁の切れ目」ではありませんが、精神的にも物質的にも何か利害関係でつながっているような友人関係が、こわれ易いのは昔も今も変わりません（箴言一九・七参照）。「友情は成長の遅い植物である」と言った人がありますが、ほんとうに親友と呼べる友人を得るには、たくさんの良い出会いと、辛抱強いつき合いが必要だと思います。特に、この点で考えさせられるのは、箴言二七章一七節です。「鉄は鉄をもって研磨する。人はその友によって研磨される」。この句の場合、口語訳は「鉄は鉄を研ぐ、そのように人はその友の顔をとぐ」とあって、これだけでは何のことやら解りません。

古い言葉に「切磋琢磨」というのがあります。「仲間同士互いに励まし合って向上すること」と辞書は説明しています。友人同士というのは、お互いに全面的に受け入れ合い、認め合い、慰め合うことができることが素晴らしいのですが、それだけなら「向上」しない場合が多いのです。むしろ、お互いに安易になってマイナスに向いて行ったりするものです。多勢の場合は、「徒党」と言って、お互いにもたれ合い、甘え合っているようなグループになってしまいます。一人一人が自立していて、その上で互いに認め合い受け入れ合うならよいのですが、独りでは立って行けないような人ばかりがもたれ合うと、始末が悪くなります。（私は、そういうのを店屋物について来る「薄切りのお新香」みたいだと言うことにしています。一枚では決して立っていられないのです。）

ほんとうの友人は、相手のためにどうしても言わなければならないことがあれば、敢えて痛いこと、苦いことを言うことが出来なければなりません。そのためにたとえ一時はうとまれたり、憎まれたりすることがあっても、言うだけの勇気がなければ友だち甲斐はないではありませんか。もちろん、言われる方も、友人の苦い言葉を受け容れるだけの度量を持つことが出来なければなりません。そういう関係を相互にもち得たら、それこそ親友と呼ぶにふさわしいでしょう。「人はその友によって研磨される」とは、そういう関係を言うのでしょう。「鉄は鉄を研磨する」と言われているように、友人同士お互いに独立した固いものを持っていてこそ、こういう関係が可能となります。

そういう意味で、ほんとうに向上して行く友人関係を持ちたかったら、自分にとっての「苦手」「好敵手」の中から友人を捜すことをお奨めします。少なくとも、容易には自分になびいてくれないような、取り扱いにくい相手をこそ友とすべきでしょう。良い友をもっているかどうかは、その人の人生を左右するほど重要なことなのです。

それにしても、ほんとうに信用できる友を捜すことは難しいことです。箴言第二〇章六節にも「親友と呼ぶ相手は多いが、信用できる相手を誰が見いだせよう」と言われています。昔の知者たちにとっても、これが現実だったのでしょう。

そこで、今日は、本当に信用できる「友の中の友」と言えるお方を紹介しておきたいと思います。新約聖書のヨハネによる福音書一五章一二―一五節を読んでみましょう。そこにはまず「友のために自分の命を捨てること、これ以上に大きな愛はない」とあります。中学の教科書にも出てくる太宰治の「走れメロス」を思い出す人があるかもしれません。あの、お互いの命をかけた美しい友情物語の原点は、多分このイエスの言葉だったでしょう。ただし太宰自身にとっては、それは強い憧れではあっても、残念ながらついには実現できなかったに違いありません。自分の中にも、そのような信用できる愛を見出すことができなかったところに、彼の絶望の深さを見る思いがします。

が、ある意味でそれは無理もないことでありました。もともとお互い人間の中には、そういう愛を見出すのは難しいのです。太宰が聖書の中で見つけそこなったのは、「わたしが命じたこと、すなわち友のために命を捨てる愛を行うなら、あなたは〝わたしの友〟だ」と言われたこのイエスというお方ご自身が、まず、ご自分の命を捨てて、私を愛し、私の友になって下さっているという事実です。

「互いに愛し合いなさい」と命じられる前に、イエスは「わたしが、あなたがたを愛したように」と条件づけられています。まず、イエスご自身が、私たちのために、ご自分の命を捨てて、十字架に死んで下さった。その死によって、私たちは罪人であるにもかかわらず、神の前に生きることが許されているのです。

その「私たちのために死んで下さった」イエスが、「わたしはあなたがたを友と呼ぶ」と言い切っておられるのです。このように、聖書は本当に信用できる友として、イエスというお方をさし示し、彼が、進んで私たちの友となって下さるのだと語っているのです。

このような「友の中の友」に、ここで（このフェリスで）学んでいる間に、是非とも出会ってほしいと願っています。

（一九九二年七月六日　緑園）

信仰の友を思う

コヘレトの言葉第一二章一―二節

今日は六月五日。「今日は何の日？」と聞いても思い当たることはおありでないでしょう。実は、私が洗礼を受けた日です。「なあんだ」と言われてしまいそうですが、一九四九年茅ヶ崎教会で、私は高校三年生でした。

それから五一年、――そもそも私が教会に結びつけられたのは小学三年生のことでしたから実際にはもっと長いのですが――実に沢山の讃美歌に出会い、ほんとに飽きもせずに歌い続けてきました。わざわざカラオケに行って歌いたいなんて思ったこともありません。

ただ、若い頃歌うのが嫌だった讃美歌が二つあります。メロディは多分皆さんもご存知でしょう。「いつくしみ深き友なるイエスは」（『讃美歌21』四九三）と「主よみ手もて引かせ給え」（同五〇四）でした。理由は、二つとも母の葬儀に彼女の愛唱歌として歌われたものだからです。

母は私を教会に結び付けてくれましたが、私の四年生の冬にあっけなく死んでしまいました。

私にとっては重圧を感じるような教育ママでしたので、その時は心ひそかにバンザイを叫ぶほどホッとしました。なのに、中学生になって教会に戻って、再びこの歌を耳にした時、どういう訳か、鼻の奥がムズムズしたのです。その後これらの歌が歌われる度に鼻につんとくるのです。「ちきしょうめ」なんて訳のわからないことを心につぶやいたものです。もちろんあまり度々歌われたので、何時とはなしに免疫になりましたけれど――。

それから約半世紀、またつんとくる讃美歌に出会いました。先ほど歌った『讃美歌21』三八五番。作詞作曲とも日本人による新しい讃美歌です。

作詞者上島美枝さんは、一九六一年四国産まれ、今は北海道島松伝道所の会員とのことです。父上が公募讃美歌に応募なさった曲につけた詩だそうで、「この世の生涯を終えた人の姿に、主を信じて生きる新しい力を与えられる」ことを表現しています。それは選外佳作でしたが、詩の方が取り上げられ、手を加えて新しい曲がつけられました。

作曲したのは高浪晋一さん。一九四一年東京生まれ、国立音大卒で同大教師、アマチュア合唱団の指揮もしている人ということです。世田谷千歳教会オルガニストで、この『讃美歌21』には、彼の作品が一〇曲も納められています。

作曲の気持ちを「主と共に生きた友の信仰生活を思いながら、自分自身の信仰生活を省みるのだけれど、不思議と深刻にならず、ほのぼのとした気持ちになり、慰められるという思いを作曲した」と述べています（『讃美歌21略解』参照）。

ちなみに歌詞は次のようなものです。

一、花彩る春を　この友は生きた、
　いのち満たす愛を　歌いつつ。
　悩みつまずくとき、この友の歌が
　私をつれもどす　主の道へ。

二、緑もえる夏を　この友は生きた、
　いのち活かす道を　求めつつ。
　悩みつまずくとき、この友のすがた
　私をふりかえる　主の道で。

三、色づきゆく秋を　この友は生きた、
　いのち　他人《ひと》のために　燃やしつつ。
　悩みつまずくとき、この友は示す
　歩みつづけてきた　主の道を。

四、雪かがやく冬を　この友は生きた、
　いのちあたためつつ　やすらかに。
　この日　目を閉じれば　思いうかぶのは
　この友を包んだ　主の光。

ある人の葬儀にこれが歌われたのを聞いて「いい歌だなあ」と思いました。その時はそれだけのことでした。曲は、どことなく「広瀬川」に似ていて、心地よくさえありました。ある日ふとこの歌を口ずさんでいて、三節にいたって急につんときたのです。六年前の秋、癌で逝った友人の姿が突然重なったのです。

この友石田洵と私は一九五一年春、神学校に入学した時に出会いました。もう一人の友高橋治と三人、六年間机を並べました。それぞれ個性は全く違いますが、本当に信頼できる生涯の友となりました。卒業後は赴任先がバラバラで――ちなみに夕張、平塚、名古屋でした――、年に一度会えれば良い方でしたが、それぞれの教会の牧師として励みながら、お互いに気遣い、配慮し合い、支え合う友としての交わりを持ち続けました。

特に石田は牧会者として優れており、本当に良い牧師でした。癌が解ってからも骨身を惜しまず、自分の命を教会のため、教会員のため燃やし続けました。次週の説教題を予告し、検査入院したら容態が急変し、再び説教壇に立つことなく、その週の金曜に召されたのです。まさに秋たけなわの（一九九四年）一〇月二一日でした。私の書斎では、今もこの友の遺影が私を見つめています。

実のところ、彼はこの讃美歌を知りません。『讃美歌21』は、彼の死後出版されたからです。けれども、私にはまるで彼のための讃美歌のように響いてくるのです。

もちろん、この讃美歌を歌う人は誰でも、その歌詞を通して、自分を導き、励まし、本道に連れ戻してくれる師や先輩、友や後輩を思い起こすことができるでしょう。是非心にとめておいてほしいと願います。

ただ歌うに当たっては「どこか懐かしい旋律にのせて、あまり思い入れして重くならないように、早めのテンポで歌う方がよい」とのことです。

（二〇〇〇年六月五日　緑園）

ともだちっていいもんだ

ヨハネによる福音書第一五章一一―一七節

昔、教会幼稚園の園長をしていた時、絵本文庫を創設して、母親たちに読み聞かせを推奨していました。最終的には四千冊にもなった絵本や物語本の中に、表題のような本があったような気がして説教題に拝借し予告を出してしまいました。けれども、子どもの本に詳しい長男（私立小校長）に検索してもらったら、見当らないというのです。どうやらアーノルド・ローベルの『ふたりはともだち』を勝手にそう思い込んでいたようです。

困った末に思い出したのは、長男の息子（私の孫にあたる小学六年生）にせがまれて、何年か前の夏に買ってやったともだちをテーマにした本です。それは木村裕一作、あべ弘士絵の狼と羊の不思議な交友録『あらしのよるに』シリーズ全六冊でした。「そうでやんすか」とか、「いいでやんすよ」「はらがへりやしたね」などと変な会話体が出てくるので、「こんな日本語を読ませていいいんでやんすか」と長男に確かめた覚えがあります。

早速孫から借りてきて読みました。とても面白く、そして感動的な物語でした。今日はこれを紹介しながらテーマ（友だち）について思いをめぐらすことにしたいと思います。

猛烈な嵐の夜に、森の中の真暗な小屋に逃げ込んだ狼と山羊が、両方とも相手が何者か解らないままに、大嫌いな雷におびえて思わず身を寄せ合ってしまうのです。嵐が止んで再会を約束して二匹は分かれます。

再会の日、狼のガブと山羊のメイは互いに相手を確認して愕然とします。食うものと食われるもの、本質的に相容れない狼と山羊。しかしあの「あらしのよるに」真暗な小屋の中で互いに支え合い、励まし合い、慰め合ったという事実を基に、二匹は極度の緊張関係を保ちながら奇妙な友情を深めて行きます。「あらしのよるに」に始まって、「あるはれたひに」「くものきれまに」「きりのなかで」「どしゃぶりのひに」そして「ふぶきのあした」と続く六冊の題名が象徴的です。

ガブは、餌がなくてひもじくなる度にメイを食べてしまいたくなりますが、嵐の夜に互いに助け合ったことを思い、怖いはずなのに自分を信頼し、友だちでいてくれるメイを見ると、とても食べてしまうなどという気にはなれません。彼には強者の驕りがないのが好ましいところです。

メイはメイで、ガブを怖いと感じることもありますが、やはり最初の出会いを思い、その後のお互いの心の交流、二人で話し合っている時の楽しさの故に、ガブを信頼し続けるのです。弱者であるのに卑屈にならず、毅然としているところがとても良いのです。

やがて、彼らが親しい友だちであることが知れて、ガブは仲間の狼たちから、メイは仲間の山羊たちから変な目で見られるようになり、ついには憎まれ、迫害されるようにさえなります。耐え切れなくなった二匹は、白銀の山を越えて、向こう側にあるはずの緑の森を求めて出発するのです。

ところが、山を登るにつれてひどい吹雪となり、進めなくなります。寒さに弱いメイを、ガブは雪穴を掘って、自分の体で暖めてやりますが、何日も食べていないガブの腹が鳴り出します。目の前のメイがご馳走に見えてくるのです。あわててその思いを振り払うガブに、メイはやさしく笑いかけて言うのです。（以下原文）

「いいんですよ、ガブ。どうせ　そとはこの　さむさだ。　きっと、わたしには　もう、たえられない。　だから　ガブ……　わたしの　ぶんまで　いきて。」

「な、なに　いってるんでやんすか。」

「わたし、ガブと　であって　しあわせだと　おもってるんです。いのちを　かけてもいいと　おもえる　ともだちに　であえて。」

「そ　そんな　ふうに　おもって　くれる　ともだちが　いるなんて、おいらの　ほうこそ　しあわせでやんす。」

「だから　ガブは　たくさん　えさを　たべて、

げんきに　このやまを　こえて……。」

「なに　いってるんすか、えさなんて　どこに……。」

「あるじゃ　ないですか、ここに。」

「……」


友のために、自分の命を与えようとするメイに、ガブは穴を出て吹雪の中を、メイのためにある筈のない草を探して歩きます。

いつの間にか小ぶりになった雪の中を、二匹を追って登ってくる狼の群に気づいたガブは、「いのちを　かけても　いい　ともだちか」と呟くと、かすかに笑い、大きく息を吸い込んで、最後の力をふりしぼって突進します。彼は雪だるまとなり、雪崩を引き起こし、すべてを洗い流してしまいます。

うそのように吹雪が止んで、穴から顔を出したメイ。（以下原文）

きらきらと　さしこんで　きた　あさひに　はじめて　みる　けしきが　うつしだされた。

「ガブ〜っ、もりが　みえるよ〜。　やっぱり、みどりの　もりは　あったんだよう。

ガブ〜、はやくおいでよ〜。わたしたち　もう、やまを　こえてたんだ。ガブー、ガブー！」

物語の紹介に時を費やしてしまいました。しかし、「友だち」というものについて、実に沢山のことを考えさせてくれる話だと思いませんか。

友人とは、本来互いに相容れない要素をもった独立した人格が、正面から向き合うところに成り立つものではないでしょうか。今流行の「メル友」は、一方通行で、煩わしい相手とは向き合わないで済みます。切りたい時にはいつでも切れます。それは本当の友とは言えないのではないでしょうか。

気が合うとか、性格が同じという友人は、お互いにもたれ合い、傷を舐め合うことは出来ても、互いに研磨し合って高められて行くということにはならないでしょう。狼と山羊ほどでなくても、強者と弱者といったある意味の敵対関係を内包していることだってあり得ると思います。それでも「出会えてよかった」「あなたと友達であってよかった」と言えたら素晴らしいことではありませんか。

その上、この物語の主人公たちのように、お互いの信頼と愛の故に、相手のために「いのちをかけてもいい」と思えたら最高ではありませんか。

テキストとして読んだ主イエスのみ言葉のように「友のために自分の命を捨てること、これ以上に大きな愛はない」のです。しかも主イエスは、私たちが「互いに愛し合う」ことを命じられる前に、実は、この私たちのために、十字架にかかって死んでくださっているのですから。

（二〇〇六年一一月八日　緑園）

木村裕一作、あべ弘士絵『ふぶきのあした　あらしのよるに（六）』（講談社、二〇〇二年）

すべてのことに感謝

テサロニケの信徒への手紙一第五章一六―一八節

長い間講師を務めてきた私にとって、今日が最終礼拝です。呼びかけに応えて、雨の中こんなに沢山集まって下さったことを心から感謝します。ちゃんと感謝して終わるようにと「感謝」というテーマを与えられています。

私たちは、自分にとって嬉しいことがあれば、頼まれなくたって感謝しますが、改めて「どんなことにも感謝しなさい」と言われると、それはなかなか難しいように思えます。

今は四十男になった長男がまだ小さかった頃、訪ねて来られた老婦人から手土産を頂きました。テーブルの上に置いたままの包みをさして「それなあに」と聞いた彼に、婦人は「ぶどうよ、洗って食べてね」と答えられました。長男は即座に手を引いて「なぁんだ、ぶどうかぁ」と言い放ったのです。それこそ顔から火が出る思いで「こら、なんちゅうことを言うか！」と叱りましたが、良く考えて見ればこれはわれわれ親の責任だったでしょう。日頃人様からの頂きものについて、すべて感謝して受けていたのではなく、同じものが重なった時など「なぁんだ、またこれぇ?」なんて口走っていたに違いありません。子どもは親の後ろ姿を見て育つと言いますが、実はすべての言動をちゃんと見ているものです。ですから、建て前で正面から教えることなど身につかないのです。「頂きものをしたら〝ありがとう〟しなさいって、いつも言ってるでしょ!」なんて叱ったって、子どもはふてくされて顔も上げずに「アリガト」とつぶやくのが関の山でしょう。

夫婦でも親子でも、日常生活の中でもっと気軽にお互いに「ありがとう」を言い合えたら、ぎくしゃくしない良い関係でいられると思うのですが、なかなかそうは行きません。どこかで、自分の意識の持ち方が変わらないと駄目なのでしょう。

七年ほど前参加したある研修会で、「内観法」という意識改革の自己訓練法の講義がありました。講師の誘導で目をつぶって一五分間自分の子ども時代に帰るのです。次々かけられる導入の言葉によってやがて没入して行きます。小さい時住んでいた家の間取りまで思い出します。メインは自分が親や他人に「してもらったこと」「迷惑をかけたこと」、そして他人に「してあげたこと」を思い起こせというのです。

不思議なことに「してもらったこと」「迷惑をかけたこと」は一杯出てくるのに、「してあげたこと」など殆んど思い浮かびません。何となく感謝以外にはないのだという思いがつよくなります。

色々な話の後にもう一つの瞑想のセッションがありました。「あと七分であなたは死にます。

あなたは臨終の床に就いていて、外には親しい人たちが来ています。一人ずつ呼び入れて最後の言葉をお話し下さい。――では、最初の方をお呼びください」。……私は妻を呼び入れました。「何を言い残しますか?」という問いかけに一瞬つまりました。本当に色んなことがあった……「お互いによく我慢してきたなぁ」いや「長い間、世話になったな」か。考えているうちに「次の方をお呼びください」と声がかかる。次々と――。そして「あと一分です。最後にもう一度皆さんをお呼びください。お別れです。何をおっしゃいますか?」思わず「みんな、ごめんな。そしてありがとう」と心の中で叫んでいました。

ちなみに、内観法はこれだけでしたが、九日に亘る研修を終えて家に帰り着いた時、出迎えてくれた妻に「ただいま、ありがと」と言ったら怪訝な顔をされました。暫くは自分の気持ちの持ち方が変わったように思えていましたが、時と共に化けの皮がはがれてしまったようでした。ただあの内観法の体験を思い起こすと、そうだ感謝だ、ありがとうだったという気にはなります。

先程読んだ聖書の箇所は、よく標語やサインに使われる有名聖句の一つです。「いつも喜んでいなさい、絶えず祈りなさい。すべての事について、感謝しなさい」(口語訳)。

みんな命令形です。大事なことは解っていますが、ただ命令されたからといって、直ちに愛するようになるでしょうか。問題は、そのように命じられる根拠は何かということでしょう。何故いつも喜び、何故すべてのことを感謝すべきなのかです。

パウロは次のように言います。「これこそ、キリスト・イエスにおいて、神があなたがたに望んでおられることです」（一八節後半）と。神さまが、私たちにそうあって欲しいと望んでおられるという。何故か。「キリスト・イエスにおいて」です。すなわち神さまは、イエス・キリストの十字架の死によって、私たちの罪を赦し、私たちを神さまの前に生きることができるようにしてくださいました。そのキリストと結ばれている者として、今生かされているという事実を踏まえて、「いつも喜び、絶えず祈り、すべての事に感謝せよ」とそう言われているのです。「感謝」といっても、ここのところをみんなに解ってほしいのが、キリスト教学を教えてきた人間としての望みです。

ただ、実生活においての感謝の効用について一つつけ加えておきましょう。（何度か使った例話ですが）水道も、泉も無い所で、喉がからからに渇いている時に、やっとコップ半分の水を与えられたとする。「なぁんだ半分しかないのか」と不満を言う人は、渇きを癒されることはないでしょう。「あぁ半分あってよかった」と感謝して受けたら、それで十分満足するに違いありません。感謝することを知っていたら、困難な状況でも前向きに生きてゆくことが出来るのではないでしょうか。

最後に、昨年一一月二一日に、県立音楽堂で催された、フェリスに関わった三人の音楽家（山田一雄、中田喜直、團伊玖磨）を記念するコンサートで出会って、心動かされた歌の一つを紹介して終わりたいと思います。（詩・渡辺達生、曲・中田喜直、当夜は朝倉蒼生先生が歌われました。）

〈歌をください〉
わたしに　歌をください／希望の歌を
哀しみを　勇気に変える／苦しみを　なぐさめに変える
そんな歌を一つ／わたしにください

わたしに　歌をください／平和の歌を
憎しみを　祈りに変える／あざけりを　ほほえみに変える
そんな歌を一つ／わたしにください

わたしに　歌をください／実りの歌を
あやまちを　恵みに変える／つまずきを　豊かさに変える
そんな歌を一つ／わたしにください

一度しかない人生／一つしかない命
大切に育てたい／愛の歌　うたいながら

そして　時がいたれば／静かに　この世を立ちさろう
美しい想い出と／感謝のことば　胸に秘めて

（二〇〇二年一月二一日　緑園）

何時も、何事も感謝できるか

エフェソの信徒への手紙第五章一五―二〇節

大学のキリスト教学を担当していた頃、三年続けて週題「感謝」を割り当てられて、話のタネが尽き、「もう今年は感謝できねぇ」と悪態をつきながら、テキストや説教題を副手さんに手渡したことがあります。「感謝しないこと」というその題を見た副手のUさんは「えっ、先生ほんとに感謝しないんですか?」と目を丸くしたものでした。

実は、これはスイスの牧師ヴァルター・リュティの『この日言葉をかの日に伝え――W・リュティ小説教一日一章』(井上良雄訳、新教出版社、一九九五年)の中に、申命記六章一二節の「過去に起った神の助けを忘れずに感謝せよ」という趣旨の戒めを取り上げて「モーセは、感謝しないということの中に危険を見たのである」とあった処から拝借したものです。「その点での忘れっぽさは、私たちを実に容易に無関心な状態に移し入れる。そしてその場合に、何か私たちの願い通りに運ばないと、その無関心はたちまち不平不満になる。そしてその不平不満からは、もうほんのひと足で反抗や抗弁が生まれる」と続けられていました。

もともと、自分にとってプラスの状況なら文句はありませんが、一寸マイナスになると不満ばかり言いたてるのが、私たちのごく普通の在りかたでしょう。だから、「いつも」「あらゆることについて」感謝するなどということは、なかなか出来るものではありません。ちなみに先週緑園の礼拝で取り上げたコロサイの信徒への手紙三章一五節以下でも、「いつも感謝していなさい」「何を話すにせよ、行うにせよ、すべて、イエスによって父である神に感謝しなさい」と言われています。

何れにしても、そういう生き方は私たちの身についてはいないわけです。それはただの心掛けの問題ではなく、生きる姿勢の問題なのでしょう。

昨年手にして大変教えられ、終末期を迎えたご病人を抱えておられた方々に贈って喜ばれた小さな書物があります。精神科医で、淀川キリスト教病院のホスピスの仕事をなさった後、今は金城学院の院長をしておられる柏木哲夫先生の『死を背負って生きる』（日本キリスト教団出版局）という本です。その中に「心の向き」という小見出しで次のような一節がありました。

あるお年寄りが「まだ目はよく見えるのですが、耳が遠くなって困ります」と言われました。ほかのお年寄りは「耳は遠くなりましたが、まだ目はよく見えるのでありがたいです」と言われました。こころが言葉に現れます。こころがどちらに向いているかで出てくる言葉が変わります。損なわれた能力にこころが向くか、残っている能力に向くかでその人の幸福度は変わります。当然後者のほうが幸福です。

更に続けて、うつの患者は不眠と食欲不振に悩まされる人が多いが、「眠れるようにはなったのですが、まだ食欲が出ません」と言う人と「まだ食欲が出ないのですが、おかげさまで夜はよく眠れるようになりました」と言う人では、後の患者の方が回復も早いと指摘しておられます。

かつて私自身、学生たちに繰り返し語ったたとえは「のどがカラカラに渇いている時に与えられたコップ半分の水を、『なーんだ、半分しかないや』と言うのと、『ああ、半分あって良かった』と言うのとでは満足感が違う」というものでしたが、これも「心の向き」を示していると言えるでしょう。

昨夏のサマーキャンプでは、西由起子先生によって、星野富弘さんの詩が取り上げられました。ご存知のように、彼は若い日、体育の教師でしたが事故で全身の機能を失いました。苦悩の中でキリストに出会い、失われたものにではなく、残っているものに心を向けた時に、口に筆をくわえて字を書き、絵を描く道が開けたのでした。「障害があることは不自由ではあっても、決して不幸ではない」と言い切れる彼の強さは、やはり「心の向き」で、すべてのことに感謝できるところから来ていると思えるのです。

ついでに紹介しておきますが、柏木先生は「日常生活において『感謝の訓練』が大切だと思っています。意識的に感謝する習慣を身につけるのです」と言われ、心理学者スーザン・セガストロームの『幸福を呼ぶ法則』（星和書店）に学んで、毎日、その日一日を振り返って、感謝できたことを三つ書き出すことを実行しておられるとのことです。真夜中までメールにのめり込むより、静かに自分自身と関わりを持った人々に向き合ってみる方が、よほど生産的ではないでしょうか。

ただし、そういう訓練によって感謝を習慣づけようとするだけでは、やはり感謝は心掛けの問題に終わってしまい、ほんとうに内発的な身についたものにはならないのではないか、我が身に照らしてそう思うところがあります。

かつて、緑園の礼拝でお話したことですが、十数年前、「内観法」という心理的訓練に触れたことがあります。プログラムの最後に、「今から七分後に死ぬ」場面を想像し、臨終の床に誰を呼んで何を話すかというイメージトレーニングがありました。結局私は誰に対しても「ありがとう」と言う以外にありませんでした。最期の瞬間に「みんな、ありがとう」と絶叫して死ねたらいいかな、などと……。

帰宅後、初めのうちこそ殊勝に振舞いましたがすぐにメッキは剥げてしまいました。日々感謝する人間になるように、自分を押し出してくれるような、自分にとっての根源的事実に行きついていないのだということを思い知らされたのです。

ある時、パウロの言葉が甦ってきました。「神の恵みによって今日のわたしがあるのです」

（Ｉコリント一五・一〇）という句です。実はこの句を「今ある私は、神の恵みによる」と私訳して、自分の葬儀に朗読してほしいとメモしてあったのです。自分が、ほんとうに「いつも、すべてのことに」感謝できる人間になるためには、毎日、ただこの単純な事実に立ち返る以外にないのだということを改めて悟らされたのです。

最初に引用したリュティが、「人間の感謝について」と題して書いているところを（『小説教一日一章』の一〇月二五日の項）、少し長いですが引用します。信仰者が「感謝」をこんな風にとらえているということを、多少とも解って頂けたら嬉しいと思います。

「感謝は、私たちキリスト者にとって、礼儀正しい生活を送るための一つの規範というようなものでもなければ、立派な道徳というようなものでもない。また、それは美しくこまやかな感情というようなものでもない。否、それは、それら以上のものである。私たちプロテスタントのキリスト者にとっては、感謝というものは、極めて平凡且つ実際的な意味で私たちの行為の原動力である。感謝はプロテスタントの生活のすべての動力用燃料であり、発条《ばね》である。

私たちのすることではなく、神が私たちのためにしてくださったこと、また日毎に新しくして下さることが、朝ごとに新しく私たちの前にある。私たちがキリスト者としての生活の中でするすべてのことは、神が私たちのためになしとげてくださったことによって、惹き起され推進される。

キリスト者は、感謝すべき根拠が見出せないというような一日も、一時間も知らないし、またそのような状態や境遇も知らない。なぜかと言えば、私たちの感謝の根拠は、あの永遠の福音であり、イエス・キリストについての使信だからである。

実際、十字架において神がしてくださったことに対しては、いつも、そして朝ごとに新しく、感謝すべき根拠が私たちに与えられる。そのことに対して十分に感謝するということは不可能であって、私の感謝は、生涯、いつも小さすぎるのである」。

（二〇〇九年一月二二日　山手）

第三部　クリスマス・イースター・平和

日々臨終を生きる

箴言第二七章一節
ヤコブの手紙第四章一三―一七節

教会で使っている「教会暦」という暦では、今年は一一月二二日の日曜が一年の終わりの日、次の日曜（二九日）は「待降節第一主日」と言って、一年の始めの日でもあります。「待降節」は「アドヴェント」とも言いますが、それは「来臨」という意味で、イエス・キリストが降誕なさったクリスマスを待つと共に、やがて世の終わりにもう一度この世界にやって来られるキリストの「再臨」を待望する日々でもあるのです。何れにしても教会では、世の中の暦より一足先に、年の終わりと始めを迎えているわけで、今週の学内礼拝の週題が「おわり」となっているのもそのためです。

『聖書を旅する』（全一〇巻）ほか多数の著書のある犬養道子さん（本学で講演にお招きしたこともあります）が、以前、新年のエッセイ「はじめに終わりを思う」に書いておられたことを思い出します。うろ覚えで申し訳ありませんが、以下のようなことでした。

「人は、何かを始めるとき、その終わりがどうなるかをしっかり見定めておくことが大事である。たとえば、女性が料理をする時、どんな料理を作るのかその出来上がりをちゃんと思い描いて取りかかるだろう。洋服を作る時には、その仕上がりをきちんとイメージしてから布を裁ち、縫いはじめるに違いない。新しい一年も、どう終わるかをしっかりと考えて歩み出すべきであろう。人生そのものも同じではないか」と。

たしかにそうなのですが、自分の人生の終わり方を考えるのは、なかなか難しいように思います。「この世には多くの統計があり、その中には数字のまやかしも存在する。しかし、絶対に間違いがない統計がある。それは人間の死亡率は一〇〇パーセントであるという統計だ」とは、イギリスの作家サマセット・モームの言葉だそうですが、この世に生をうけた者には、一人の例外もなく必ず「おわり」が来ます。問題は、それが何時であるかを誰も知らないということです。

自分の癌を取り上げたドキュメンタリーで評論家の立花隆氏が「どんな人も、死ぬまでは生きられるのだから、心配することは何もない」なんて言っていましたが、みんなが病気や、歳をとって終わるとは限らないわけで、突然、思いがけず、中断させられることだって十分あり得るのです。

私の講座では今日、ルカによる福音書一二章一三―二一節の「愚かな金持ちのたとえ」を学びましたが、豊作の穀物を、自分の倉に全部仕舞い込んで「これで長年食っていけるから安心だ」と言った男が、神様から「愚かな者よ、お前の魂は今夜のうちにも取られる」と宣告されてしまいます。その突然さには否も応もありません。

五二年前、神学校を出た私は、平塚教会の副牧師として赴任しました。教会に多数の青年がいた時代ですが、その中で一人の男ととても良い出会いをしました。私は、牧師と信徒という関係を越えて、生涯の友として信頼してきましたが、彼は一つ年長なのに、終始私を「牧師」として立ててくれました。数年前私が平塚教会に招かれてした説教を、彼がテープ起しをしてくれたことがあります。話の中で私は「インドでは、五、六〇歳を、社会の仕事を終えて老後に備える時期として〝林住期〟とよんでいたそうだ」と言いました。「林の中に住む」で〝林住〟だと説明したはずなのに、そこが「ご臨終です」の〝臨終〟になっていました。変換ミスだったのでしょうが「あんたおれの説教ちゃんときいてねえな」などと笑い合ったものです。

昨年、彼の教会のことで、いろいろと相談に与っていました。誠実で熱心な男で、何度も電話、ファックス、手紙のやりとりをしていましたが、八月の始めに、是非会って話をしたいと言って来ました。殊の外暑い日が続いていましたので、私は「このくそ暑いのに、わざわざ出掛けていられるか、もう少し涼しくなったらにしようよ」と言いました。「ああ、そうですか……」と一寸がっかりしたように言った声が、まさかの聞き納めになってしまったのです。

八月の末（二五日）、旅行に出られた夫人が戻られる日の朝、自宅で心筋梗塞のために亡くなってしまいました。日頃、健康に留意し、検査も受け、よく歩き、規則正しく早寝早起き

（何せ朝は四時頃起きて、本を読んだり仕事をしたりしていた）だったのに、です。彼の骨を拾いながら、つくづくあの電話のときに会っておけばよかったのに——と臍《ほぞ》をかみました。

彼の場合七八歳でしたから、何時死んでもおかしくないトシと言われるかもしれませんが、しかし若い人でも、それこそこれからという時にあっけなく亡くなることもあるのは、皆さんだってお解りでしょう。若くして「中断される人生」を問題にした人がいますが、実はすべての人が、自分の死については突然の「中断」を感じるのではないでしょうか。

何れにしても、老人とか、癌患者とか、死刑囚といった人たちだけが、死という終わりに直面しているのではなく、すべての生きている人間は、何時も、死と向き合っていることを認めなければならないでしょう。

先程の「臨終」という言葉について、知人の真宗大谷派の僧侶に教えられたことがあります。お医者さんが病人を看取って、これでおしまいというときに「ご臨終です」と告げますが、あれは言葉の使い方が間違っているというのです。「臨終」というのは、決して「これでおしまい」という意味ではなく、「終わりに臨んでいる」ということだというわけです。言われてみれば「臨む」という語は、「向かい合っている」とか「面している」といった意味です。ですから、「臨終」というのは私たちが生きている一日一日が、いや一瞬一瞬が、そこで終わるかもしれない、そういう終わりに向かい合っている現実を表している言葉なのです。

私たちが生きている時間を直線で表せば、死という終わりは、その直線の進む方向のずっと先の方にあるのではなく、その直線を上から突然断ち切ってくる垂直線と考えるべきでしょう。でなければ、生きて行くという直線とすれすれの所を平行して走っているもう一つの直線、死んで行くという直線と考えたらいいのでしょうか。何れにしても、それが何時、何処で私の生に触れて来るかは解らないのですから、私たちの生は常に死に接しているわけです。そういう意味で、まさに、一瞬一瞬が臨終である時を、私たちは生きているということになります。

自分の死を考えるのは怖いから、そういうことは自分には当分起らないと決めて、呑気に生きている人が大部分でしょうけれど、それは問題を避けているだけで、解決にはならないでしょう。

先日も、死は縁起が悪いからと遠ざけておくよりも、時に真剣に考えることが、より良く生きる道ではないかと書いている人がいました（朝日新聞投書欄）。

聖書は、私たちの生にストップをかけるのは神様であり、しかもその神様は私たち一人一人を愛してくださる恵みの神であると教えてくれます。生殺与奪の権を握っておられる神様を恐れるのでなく、自分を愛し、自分に最善の時を与えてくださる方として信頼できたら、臨終の人生も喜んで生きて行けるのではないでしょうか。「主の御心であれば、生き永らえてあのことやこのことをしよう」と言うべきだという奨めは、私たちの傲慢を戒めていますが、決して後ろ向きの人生を奨めているのではありません。

（二〇〇九年一一月二五日　緑園）

闇の中にこそ（アドヴェント・クリスマスツリー点灯式）

イザヤ書第九章一—六節

過日孫と一緒に映画「千と千尋の神隠し」を見ました。千尋という少女は、父母と共にトンネルを通って妖怪の世界に踏み込んでしまいます。父母は豚にされ、千尋は下働きの女中「千」として妖怪の頭「湯ばぁば」の支配する湯治場でこき使われるというお話です。

私が興味を持ったのは、そこに描かれている妖怪の世界の明るさでした。妙にあっけらかんとして明るいのです。まるで新宿の歌舞伎町か、夜中の麻布六本木の雑踏のような喧騒の巷なのです。化け物や物の怪の世界は、もっとおどろおどろしたヤミの世界だった筈ではありませんか。今時そんなのは流行らないということなのでしょうか。

二〇年以上も前に読んだある女性編集者のエッセイを思い出しました。彼女は「私は、夕暮れの一瞬〝たそがれ時〟が好きだ」と言います。「たそがれ」とは日が落ちて暗くなってきて、向こうから来る人が誰とも見分けがつかない、「誰ぞ彼？」と問うたところから来ています。「彼は誰？」と言うので「かわたれ」とも言いました。実はそんな風情が都会から失われてしまったというのが彼女の実感なのでした。

「逢魔が刻」という言葉もありました。妖怪変化や「チミモウリョウ」(漢字が書けたらおなぐさみ)が出番を迎える闇の時の始まりです。ところが、今の都会では光と音があふれていて、肝腎な「闇」がどこかへ行ってしまって、彼らの出る場が無くなってしまったというわけです。そこで彼女は「現代は闇を知らない時代」であると指摘し、人工的な明るさの中で見失ってしまったもの、お化けや妖怪の復権を唱え、人間には闇を畏怖する心があった方がよいのではないかと問いかけていたのです。

二十数年経って、「闇の復権」どころか、むしろ都会的明るさと喧騒の中に妖怪が登場するのを見て、私は皮肉以上のものを感じました。それこそ孫そっちのけで興じたのでした。

それにしても、「闇を知らない時代」というのは、やはり問題だと思います。現実の暗闇というものは、人間自身が抱えている底知れぬ闇とつながっているのではないでしょうか。昔の人々が想像し、造り出した妖怪変化の類は、人間が、その暗闇から感じとった不安や恐れを形象化したものと言えるのではないかと思うのです。

パウル・ティリッヒという神学者は、人間を絶対の孤独におとし入れる闇の力を三つあげています。「無意味」と「罪」と「死」です。生きることにも死ぬことにもそして何をすることにも意味を見出すことが出来ない、「無意味」(「虚無」と言いかえてもよい)、自分なりにいくら正しいと信じて生きていても、どこかでそれを根底から覆す響きをもって迫ってくる「罪」、そして愛する者の存在を、また自分自身の存在をも無の中に呑み込んでしまう「死」。それらは確かに、私たちの存在を根本から脅かす闇の力です。

物理的な「闇を知らない時代」は、同時に人間を危機に陥れる闇に目を向けなくなってしまったのではないでしょうか。闇は無くなったのではないのに、そういうものに真剣に向き合うことをしなくなってしまったのではないだろうか。

聖書は、イエス・キリストという方が、まことの光として、この世界に来られたと伝えています。イエス・キリストは、人間を孤独に陥し入れる無意味と罪と死という闇の力を打ち破るほんとうの光として神様から遣わされた方であります。

最初のクリスマスに、救い主到来のメッセージを真っ先に聞いた人々は、まさに暗闇に座していた人々、死の地、死の蔭に住む人々でありました。私たちがクリスマスの牧歌的風景と誤解しているあの野原の羊飼いたちは、社会から疎外された人間として、現実の暗闇の中で野宿を強いられていたのです。だからこそ、彼らは、まことの光としてのキリストの到来を心から喜び迎えることができたのです。

教会では、クリスマス前夜にキャンドル・サービスをするところが多くあります。私たちも今、そのようにしています。明るい電灯があるのになぜわざわざ暗くして、ローソクに火を灯すのか？　それは私たちが、もう一度自分が闇に座する者、人生の闇に脅かされている者であることを確認し、その闇を克服するまことの光としてこの世に来られたイエス・キリストを受けとめ直すためであります。

　そして今、私たちは特に実際に死と無意味の暗闇に座すことを強いられて、不安に脅えている人々が多くあることを覚えなければならないでしょう。言うまでもなく、アフガニスタンの人々のことです。戦争というものはすべて闇の業です。世の中に「正義の戦争」などあり得ません。テロ行為を糾弾しなければならないことはもちろんです。しかし、そのテロへの報復としての「アメリカの戦争」は、決してテロを根絶できません。暗闇に座する人々の上に爆弾の雨を降らせて憎悪の火をかきたてて何の解決になるでしょうか。ただ更なる闇を造り出すだけではありませんか。

　私たちは一方的に偏った報道のおかげで、アフガニスタンでは、「悪者退治」が進んでいると信じこまされています。しかし、使われている爆弾は、従来のものとは比較にならないほど威力があります。一発でとてつもなく広い範囲をすっ飛ばします。非戦闘員をどこで区別できるのか。音でも振動でも、人は傷つきます。そればかりか、膨大な量の〝不発弾〟が、一般市民に二次的被害を与え、投下食糧を拾いに走る子どもたちが地雷を踏んで飛ばされるのです。闇が闇を生んでいるのが現実なのです。

　もしアメリカの人々が、そして親子とも戦争大好きな大統領が、本気でクリスマスを迎えたいなら、自らこの世界に新たな闇を造り出すべきではありません。何千、何万の照明弾も、爆弾や銃弾の閃光も、闇を照らす光とはなり得ないのです。

もしも彼らが真のキリスト者であるならば、赦しと愛の光を携えて行くべきでありました。もちろん赦しには痛みが伴います。自ら苦痛を負わないで他者を許すことは不可能でしょう。そのような赦しを実行なさったのはイエス・キリストです。彼は人間の罪を赦すために、ご自身は十字架にかかって苦しまれたのです。彼はそのためにこの世に来られたのです。そのことを、キリスト者である彼らが知らない訳はないでしょう。そうであれば、イエスの到来を迎えるクリスマスは、彼らに自分たちが今していることについての深刻な問いを突き付ける筈です。

私たちは今年もチャペル前のこのツリーに点灯します。教会では昨日がアドヴェント（待降節）の第一日曜日で、クリスマスシーズンが始まりました。街ではもうとっくに様々に趣向を凝らしたイルミネーションが輝いています。クリスマスが光の祭りのように受け取られていることは、悪いことだとは思いません。けれどもその光は、本当の暗闇を照らしてこそ意味があるのだということを知ってほしいのです。少なくとも皆さんは、この世界とあなた方の人生を閉ざしている闇を確認した上で、だからこそまことの救いの光として来られる方を待ち望み、喜び迎えるのがクリスマスなのだということを、自分のこととして受けとめて頂きたいのです。

（二〇〇一年一二月三日　緑園）

ひたすら待つ

ルカによる福音書第二章二五―三二節

私たちが生きて行く上において、色々な局面で〝待つ〟ということが、とても大事な意味を持っていると思います。例えば植物の成長を気長に待てない人には、家庭菜園なんて無理でしょう。子どもの成長を見守る親には忍耐して待つということが求められます。待てない親が虐待に走ったり、子どもの才能を奪ったり、性格をゆがめたりします。友情だって信じて待つことが出来なければ育ちません。なにもかも直ぐに間に合ってしまうのでなく、じっと何かを待つことで思いを深めたり、充分準備をしたりして、ついに実現したとか、やっと出会ったというような時に得る喜びが、人生では貴重だと思うのですがどうでしょうか。

昔は、人と待ち合わせるにも忍耐が必要でした。今、皆さんは双方がケータイを持っているので、「今何処?」「もう着いたよ」「あと何分」とか、終始お互いに確認し合いながら駆け寄れば済むわけでしょ。私たちの時代はそうは行きませんでした。約束の時間に相手が現れないとだんだん不安になったり、いらいらしたりします。場所が違ったか? 何か起こったのか?

……その場を離れたらお仕舞いですから、じっと待つほかなかったのです。

私は、妻と婚約時代に芸大のメサイアを聴きに行くために待ち合わせたことがあります。ほんの一〇分か一五分だったと思うのですが待たされました。何せ音楽会は待ってくれませんから苛ついたのです。やがて、友人と寄り道していた彼女が息急き切って現れました。「何やってんだよ！　どこうろついてんだ。間に合わなくなるじゃねえか！」と怒鳴りつけて、後をも見ずに日比谷公会堂めがけて歩き出したものです。

待ち合わせ場所までついて来た彼女の友人は後で「あんなおっかない人、やめちゃいなさいよ！」と言ったとか。幸か不幸か彼女はやめなかったばかりに、五一年も私と一緒にガマンしているわけです。——ま、とにかく私が忍耐できなかったのは確かです。

六年前、朝日新聞の小さなコラムで小檜山博という作家の「長く待ったことで」と題するエッセイを読みました（二〇〇五年一一月）。以下に掻い摘んで紹介します。

四十数年前彼二七歳のとき、ある女の人（それがなんと五日前に知り合った人）と新宿の喫茶店で待ち合わせたという。おめかしして、六時に喫茶店に行ったが一向にあらわれず、九時にとうとう腹立たしくなって焼鳥屋に行き冷酒をあおっている時、自分が喫茶店を間違えたのに思い当たる。「上高地」の約束だったのに「田園」で待ったのだ。（ちなみに、これより一〇年程前の私が知っている新宿には、この種のゆっくり待てる喫茶店が軒並みあった。）走って約束の喫茶店にとびこんだ時には一〇時をまわっており、何と四時間半も待っていた女性が「慌てて涙眼をぬぐった」とある。「その女がいまの僕の妻だ。結婚して四十年たち、たまにぼくが『もしあの時携帯電話があって、すぐに待ち合わせた場所の間違いの連絡がとれ、六時五分ぐらいに会い、四時間待つことがなかったら、俺たち結婚しなかったな』と言うと、妻も『たぶんね』と笑う」と結ばれている。

「バカみたい」と思われるだろうか。この女性は待つことに耐えたのです。じたばたして動いたらそれでお仕舞です。結局彼女は彼を待つことに自分の存在を賭けたのです。彼の方も自分の間違いに気づき、約束の場にとんで行く誠実さを持ち合わせていました。

人生を、安易に手に入るもの、手っ取り早い事ばかりで生きていると、薄っぺらなものになってしまうでしょう。何か自分を賭けて待ち、忍耐の末手にいれたものが、自分を支えるのではないでしょうか。

今日読んだ聖書の箇所に、シメオンという老人が出てきます。彼は「正しい人で信仰があつく、イスラエルの慰められるのを待ち望」んでいた人として紹介されています。彼は自分自身「正しい人」すなわち神様との関りを常に正しくしている人でしたが、それに満足せず、神の民イスラエルのみんなが、神様との関係を正され、救われること、恵みと平安を与えられることを待ち望んでいたのです。その神様と人間の関係を正して、和解させ、ほんとうの意味で人間に「慰め」「救い」をもたらす方として期待されていたのが「メシア」(＝キリスト＝救い主)でした。シメオンは、神様が遣わして下さるメシアの到来を、ひたすら待ち望んでいたのです。

彼はその日、エルサレム神殿に導かれ、参詣する多くの人がごったがえす中に、赤児のイエスを抱いた両親が、献げ物をするために入って来るのを見つけました。もちろん、赤ん坊はほかにも居た筈ですし、イエスに特別「救い主じるし」がついていたわけではありません。(クリスマスカードによくあるような金の輪っかなんかついていなかったのです。)救い主イエス・キリストは、隠された姿でこの世界に来られたのです。けれども、メシアの到来を、救いの実現を待望していたシメオンには、その幼な子こそ、多くの人を神の前に生かす救い主であると解ったのです。「〝霊に〟導かれて」とは、神様のお導きということです。

シメオンは「幼な子イエス」の中に「来るべきもの」「待ち望んでいたもの」を見つけることが出来ました。自分の生涯を賭けて待ち望んでいた救い主に出会った喜びを歌ったのが、続く二九節から三二節に記されている讃歌です。「シメオンの讃歌」と称ばれている多分初期教会の讃美歌の一つです。

「主よ、今こそあなたは、お言葉どおり、この僕を安らかに去らせてくださいます。わたしはこの目であなたの救いを見たからです」。シメオンにとって、赤児の救い主イエスは、彼が生涯自分の存在を賭けて待ち続けた「来るべきもの」でした。だからこそ、「もう何時死んでもよい（安らかに去らせてくださる）」と言えたのです。
皆さんに、改めて考えて頂きたいと思います。今、私たちはクリスマスを待つシーズン「待降節」を過ごしています。近づくクリスマスをわくわくしながら待った経験がありますか。そう、きっと待っていたのは飼葉桶のイエスさまでなく、サンタさんのプレゼントだったでしょう。そうではなく、クリスマスの主人公はイエス・キリストです。私たちは、その方と出会うことで、その生き方は根本的に変えられ、新しくされるのです。その方と出会ったら、もう何時死んでもよいと思えるような充足感を味わえる。そういう方の到来を自分の存在を賭けて待つのが、待降節の意味なのです。

（二〇一一年一一月三〇日　緑園）

何がおめでたいのか

ルカによる福音書第二章八―一四節

クリスマスが近づくと、きれいなクリスマスカードが送られてきます。賀状交換より意味があると考えるクリスチャンが多くなったせいでしょうか、A Merry Christmas and A Happy New Year というのがかなりあります。別に文句を言うことではないのですが、「クリスマスおめでとう」と「明けましておめでとう」は、こうやって並べるような同種の「おめでた」なのかなあと一寸考えさせられます。

毎年、一一月に入ると「喪中につき、お年賀のご挨拶遠慮させて頂きます」という葉書が舞いこむようになります。そうすると喪中なら、クリスマスのお祝も遠慮するということになるのでしょうか？　皆さんならどうなさいますか？

一七年前のちょうど今頃――正確には一九七九年一二月一五日土曜日でしたが、夜、隣町の教会の先輩牧師から電話がありました。「母が亡くなったので、明日の晩、前夜式の司式をしてほしい」というのです。私は、自分の教会付属幼稚園の母の会のクリスマス集会を予定していたので、とても無理だとお断りしたのですが、再度の強い要請に、結局何とかしましょうとお引き受けすることにしました。

翌日曜の夜は、午後六時から、母親たちとキャンドル礼拝を守り、クリスマスの喜びについて話し、終ってすぐネクタイを替え、バイクをとばして隣の教会へ駆けつけ、七時から前夜式をして牧師の家族と悲しみを共にし、またとって返して母の会のクリスマス祝会に顔を出すという芸当をやってのけたのです。

時間的やりくりは何とかする自信がありましたが、私が悩んだのは、クリスマスの喜びに浸っている人間が、悲しみの中にある人々に、どのような顔で、どのように語ればよいのか、ということでした。迷った末ではありましたが、私は、その前夜式の説教で、敢えてクリスマスの意味とその喜びについて語ることにしたのです。

「私自身肉親を失った経験があるから、身近な者が死ぬことによる悲しみや痛みは充分解っているつもりだが、今夜はあえて一つのことを申し上げたい」と前置きして、私は次のように語りました。（実は、見当たらなかった原稿が出てきましたので、恥ずかしながら、そのまま記させて頂きます。）

「ご承知のように、教会は今クリスマスを目前にしている。クリスマスは、この世的に言えば、〝祝い事〟に入るであろう。そのクリスマスの直前に、こうして喪に服さねばならない場合、普通だったらどうするだろうか。

　耐え難い悲しみのうちにあるのだから、祝い事などとてもしていられないというお気持ちもあろう。死の穢れの中にある者は、祝いの席に出るのを遠慮するという一種の忌み事もあるだろう。だから当然、近く来るお正月の祝い、年賀状はすべて欠礼しますと通知をお出しになるだろう。

　それと同じように、クリスマスも、喪中にある者は避けて通るべき祝いなのであろうか。遠慮すべきものなのだろうか。

　否である。断然否である。クリスマスの出来事、その祝いは、そんじょそこらにある喜び事、喪中の者は避けて通らなければならないようなものとは、根本的に違うのである。

　人間の悲しみ、痛みの中でも最もつらい、最も悲しい、そして最もどうしようもない死の悲しみさえも乗り越えられ、その悲しみが癒され、真の喜びに変えられてしまうのが、キリストの降誕という出来事なのである。

　だから失礼を顧みず、この皆さまの悲しみの出来事の中で、あの人間にとって最後、最大の敵である罪と死を滅ぼし、私たちに永遠の生命の希望を与えるために、この世に来られたイエス・キリストを迎えるクリスマスを、私はさし示したいのである。

　神さまは、このような悲しみに打ちのめされた、暗闇に住む者をこそ慰め、光の中に置くためにイエス・キリストを与えて下さった。そのことを受けとめるクリスマスが、皆さまの状況の中で祝えないとしたら、それは〝信仰〟ではない。だから私は、今夜幼稚園の母親たちに言ったと同じように、皆さまに対しても、敢えてクリスマスおめでとうと申し上げる」。

この式辞を、先輩は喜んでくれましたが、ご家族がどう受けとめられたかは知りません。ただ、この経験を通して、私自身は、クリスマスが浮ついた華やかなお祭りごとではなく、真に悲しむ者を慰め、人を根底から生かすものに出会う深く静かな喜びにあふれた祝いであることを、本当に理解するようになりました。

クリスマスは、普通考えられているようなイエスという方のお誕生祝いではありません。イエス・キリストは、私たちを罪と死から解放するために、ご自身は十字架に死ぬことを目的としてこの世に来られたのですから、彼にとっておめでたいわけはありません。イエスが来てくださったお蔭で、命を与えられ、光を与えられ、喜びを与えられた私たちの祝いであり、私たちの喜びの爆発の時なのです。

野宿していた羊飼いに対して、天の使いが告げたのは、すべての人に与えられる「大きな喜び」の知らせでありました。その喜びは、一時的で、祭りのあとは急速にしぼんでしまうような、あるいは華やかな飾りつけとともに年末には取り片づけられてしまうような、そんなちゃちなものではないのです。むしろ、それを受けとめたところから一年の間持続する喜び、否、私たちの一生を貫いて、どんな時にも失せることのない喜びの源なのです。
　私たち人間の救いのために、「神が人となった」という稀有な出来事がクリスマスであります。かつて、アポロ15号で月面に降り立った宇宙飛行士のひとりが、「人が月面を歩いたことより、キリストが地上に降り立った方がはるかに重要だ。それを解らせるため神は私を月に導いた」と言って伝道者になったということです。そのキリストの出来事によって、私たちすべての者に与えられる「大きな喜び」は、どんな悲しみや苦しみの中にある者でも受け取ることができる「強かな喜び」であることを覚えておいてほしいのです。

（一九九六年一二月一六日　緑園　一九日　山手）

千の風になるのか？

ルカによる福音書第二四章一―一二節

今年は四月八日がイースター（復活祭）でした。クリスマスが毎年一二月二五日と決まっているのに対して、イースターの祝日は「移動聖日」と言って毎年日が違います。春分と満月の関係で決められるからです。（ちなみに二〇〇八年は三月二三日です。）そのせいもあってか、イースターは世の中から見向きもされません。クリスマスの方は、頼みもしないのにあれほどの騒ぎをするのに、です。「誕生」と違って「復活」（死人の甦り）は信じ難いということがあるかもしれません。

しかし、復活が信じ難いというのは、現代の私たちだけでなく、実は、主イエスのお弟子たちも同じだったわけで、イエスの遺体を納めた墓が空になっていることを最初に発見した婦人たちも、復活は容易に信じませんでしたし、彼女たちの報告を聞いた弟子たちも、それを「たわごと」としか思わなかったというのです。何故なら、人は一度《ひとたび》死んで墓に葬られたら、すべては終わったのであり、そこから先に何かがある、まして希望があるなどということは絶対にないという常識を固く信じていたからです。

確かに私たち人間というものは、一人の例外もなく、必ず死ぬことになっています。墓は誰にとっても終着点であって、これは昔も今も変わりはありません。それだけに、親しい人が死ぬと、ことにその人があまりに突然に亡くなったり、あまりに若いのに逝ってしまったりすると、残された人は深い喪失感におそわれることになります。

イエスという方は、およそ三〇歳で十字架刑に処せられ死なれました。この方こそメシア（救い主）であると信じて後に従ってきた弟子たちの喪失感は深かったでしょう。男性の弟子たちは、イエスの十字架の死さえ見届ける勇気がなかったとみえます。女性の弟子たちは、遠くからでしたが、それを見届け、そして埋葬にも立ち会いました。彼女らの方がイエスの死の現実としっかり向き合っていたと言えるかもしれません。しかも、金曜日の夕方、迫る安息日にせかされて十分な葬り方が出来なかったのでしょう。安息日があけると週の初めの日（今の日曜）の朝早く、香油を持って墓に急いだのでした。死体に香油をぬってあげたからといって、何が起こるわけでもない。それは解っていたでしょうが、せめてイエス様の死体にもう一度最後の別れをしたい――そんな気持ちだったでしょうか。

ところが、墓に来てみると、入口の大きな石はどけられており、中にはイエスの死体が見当たらなかったのです。途方にくれた彼女たちに、二人の天の使いが語りかけます。この言葉はルカによる福音書だけ独特です。「なぜ、生きておられる方を死者の中に捜すのか。あの方は、ここにはおられない。復活なさったのだ」と。

「わたしのお墓の前で、泣かないでください。そこに私はいません。眠ってなんかいません」という歌詞の歌をご存知でしょうか。昨年（二〇〇六年）の「紅白」で、テノール歌手秋川雅史が歌って、日本中に知れわたった歌、「千の風になって」の冒頭です。

この歌の元は、作者不詳の一二行の英詩です。二〇〇二年九月一一日にニューヨークのグラウンド・ゼロで行われた同時多発テロ一周年の追悼集会で、犠牲者の一人の男性の娘さんが、「まるでこの詩は、父が耳元でささやいてくれているような気がしてなりません……」と前置きして朗読し、多くの人々を感動させたものです。

実は、かなり古くから英語圏では知られていた詩だそうで、色々な場面で読まれた記録があるようです。例えば、一九七七年に、俳優ジョン・ウェインが、映画監督ハワード・ホークスの葬儀に読んだとか、一九八七年女優マリリン・モンローの二五回忌に朗読されたとかです。日本では、二〇〇三年秋、新井満の写真集と、彼の作詞・作曲のＣＤがでてから注目され、ロングセラーになっていました。既に多くの歌手が歌っていますが、イケメンテナーの歌唱で一気にブームになった訳です。特別この歌を推奨しようという気はありませんが、親しい者を失って喪失感におちいっている人を慰め励ます効果は抜群のように思います。紀伊國屋書店には「千の風コーナー」があって関連本がいっぱい並んでいてびっくりしました。いわさきちひろの絵をあしらった小型の本をつい買ってしまいました。

にもかかわらず私が申し上げたいのは、この詞が、いくら多くの人を慰め、癒す効果があるとしても、これは死の克服、死の問題の本当の解決ではないということです。決定的なことは、この詞の内容は、私たちの聖書の復活信仰とは全く違う異質なものだということです。

前述のようにこの詞は作者不詳、出所不明です。訳者新井満氏は、アメリカン・ネイティブ（アメリカ先住民）の中から生まれたのではないかと言います。この詩の思想がアニミズム的だからと。アニミズムとは、この世界に存在するすべてのものの中に霊や命を認めます。しかも、霊魂不滅説のように、その命（霊）は容易に他のものに生まれ変わっていきます。この詩では「死んだ人」は墓になんか眠っていなくて、「千の風」になって大空を吹きわたっているのです。それればかりか、秋は「光」に（原詩は「雨」）、冬は「雪」に、朝は「小鳥」に、夜は「星」になって、寄り添ったり、囁きかけたりするのです。

従って、この詩の思想には、厳密な意味の死がありません。「そこ（お墓）にわたしはいません　死んでなんかいません」なのです。ですから、死んでしまった人を「死んだとは思いたくない」人の心にぴったりくるのです。けれども、それはそう思いたいだけで、何の確証もありません。第一、誰も彼もが「千の風」になってそこら中吹きわたったら大変なことになるでしょう。あえて言えば、そうした考え方はただの気休めに過ぎないのであって、冷厳な「死」の現実に対抗し、それを克服するだけの力があるとは思えません。しかもそうした生まれ変わりは「自然に」すべての人に起ると考えられているので、特別神さまの力を必要としませんし、神さまを信じる必要もなくなるでしょう。

主イエスを納めた墓の中で、婦人たちに語りかけた天の使いの言葉「あの方は、ここにはおられない」は、単純に「死んでなんかいない」と言ったのではありません。彼は「復活なさったのだ」と言っています。「復活」という字は「また生きる」「再び生きる」という意味です。ですから一度ほんとうに死なないと「復活」ということにはなりません。霊魂不滅的に、すぐ何か他のものに生まれ変わってしまうのは「復活」ではないのです。

しかも、この語は原文では受動形なので「復活させられた」と訳すべきところです（ちなみに、日本語訳聖書では区別がつきませんが、殆どの箇所が「復活させられた」という表現になっています）。主イエスは、自然にでもなく、ご自分の力によってでもなく、ただ神の力によって、自然に抗して「復活させられた」のです。聖書は「復活」を、神ご自身のみこころによって、イエス・キリストにだけ起った出来事として示しているのです。

信じ難い事態にとまどっている婦人たちに、天の使いは大事なことを伝えます。「まだガリラヤにおられたころ、お話になったことを思い出しなさい。人の子は必ず、罪人の手に渡され、十字架につけられ、三日目に復活することになっている、と言われたではないか」（七節）と。「必ず〜することになっている」というのは、神がそうお決めになっている必然を言い表す言葉「ねばならぬ」です。イエスの十字架の死と三日後の復活は、神のみこころとして、必ずそうならなければならないことだというのです。

なぜ「神の子」であるイエスが、罪人のように十字架にかけられて死ななければならなかったか、そしてなぜ三日目に復活させられなければならなかったのか。それは、イエスを救い主（キリスト）と信じ、受け容れる者に「罪の赦しを得させる」（二四・四七）ためであり、また、私たちが死んだままでなく、終わりの日に、新しい命（永遠の命）に復活させられるためだったのです。イエスの「死体」を納めた墓が空だったということは、人間にとっての究極の敵である罪と死が克服されたということ、死に対するイエス・キリストの勝利なのです。

私たちは、依然として、人間としての死を免れません。遅かれ早かれみんな死んで、葬られるでしょう。しかし、墓は決して私たちの「終の棲家」ではありません。そこに永遠に眠るのではないのです。「千の風になって」うろうろしなくても、ただ墓の中で安らかに眠っていればよいのです。

なぜなら、パウロが「わたしたちの本国は天にあります。そこから主イエス・キリストが救い主として来られるのを、わたしたちは待っています」（フィリピ三・二〇）と記しているように、私たちの「国籍は天にある」（口語訳）のであり、ひとりひとりは神さまに覚えられているのです（ヨハネ黙示録三・五も参照）。その天から、終わりの日に、イエス・キリストが再び来られるという約束を信じて待っていればよいのです。「その時」、私たちも、イエスと同じ復活の姿に変えられるからです。

イエスの墓に行った婦人たちに告げられたのは、その希望の知らせだったのです。

（二〇〇七年四月一二日　山手）

力は平和をもたらさない

詩編第六二編一一節

五月下旬に、県政総合センターで「平和のための戦争展in横浜」が開かれていました。会場に若者の姿が見えなかったのは残念でした。それに折角横浜で開かれたのに、横浜大空襲の資料が少なかったことも。

一九四五年五月二九日、横浜市街の約四八パーセントが、アメリカの爆撃によって灰になった時、私は関東学院の中学部二年生でありました。授業は無く、毎日、本牧の造船所に動員されて、敵艦に体当たり自爆する〝特攻〟用の小舟を作っていました。朝から始まった空襲で、ばら撒かれた焼夷弾によって火の海となった市街を、煙と火に追われるように駆け抜けて戸塚まで歩き、ようやく茅ヶ崎のわが家に帰り着いたのは夕方でした。

半世紀以上前のこんな話を持ち出したのは、現代の戦争というものは、戦闘員（軍隊）だけでなく、否応なく一般市民を巻き込むものなのだということ、戦争下の市民生活はどういうことになるのかということに少しは想像力を働かせてもらいたいと思ったからです。それは決してテレビの向こう側で起ることではなく、これからのこの国の私たち自身の問題なのだということに思いを致してほしいのです。

憲法第九条を骨抜きにしてしまうという点で、あれ程問題点が指摘されていたのに、日米新ガイドライン関連の三法案（周辺事態法・改正自衛隊法・改正日米物品役務相互提供協定）は、数の暴力によって、いとも易々と成立してしまいました。これらの法案は、要するに「今後アジア地域でアメリカが戦争を始めたら、必ずそのお手伝いをします。相手国を叩くための基地として、日本を自由にお使いになって結構です」と約束したも同然なのです。日本は直接戦争とは関係ないなどという言い訳は通用しないに決まっています。私は日本国憲法のために〝お通夜〟をしたいくらいなのに、どうしてみんな平気で居られるのでしょう。何が起こっても、アメリカの力が日本を守ってくれるとでも思っているのでしょうか。

人間は大昔から自分を守るために「力」に頼ってきました。すべての事は力で解決がつく、そう見えるところに「力」の魔力があります。詩編第六二編一一節は、その力に依存することを戒めています。この「暴力」とは、武力のこと、「搾取する」とは富の力のこと、「力」とは権力のことを意味すると言います。武力と金と権力――それらは人間の心を奪う魅力的なものです。しかし、それに頼って自分を守ろうとすると止めどがなくなります。それらは次第に肥大化し、ついには自分が絶対者にならない限り安心は得られなくなってしまうのです。

この詩人は「力は神のもの」だと言います（一二節）。恵みと祝福も神からだけ来るのだとも。この神に頼ること、この神に希望を置くことが、ほんとうに自分を守る道であり、他を攻撃しないで済む道なのだと言うのです。

一体、力はどれだけ蓄えたら安心と言えるのでしょう。敗戦五〇年の年に、知人の一人は『軍隊で平和は築けるか』という評論集を出版して、自衛隊をなくして、文字通り憲法九条を守ることこそ、最も現実的な平和への道なのだと説いています。

実際「力」が平和を生まないことは、数多くの事例が示しています。空爆がユーゴ問題を解決したというのは嘘です。セルビア人に力で排除されたアルバニア人が今度は力で報復するに決まっています。力は力を呼び、終ることのない復讐合戦が続きます。「リヴェンジ」は野球だけで沢山なのです。

今の日本で心配なことは、現に平和であることに満足しきって、それを守り続けることに関心を寄せない人が増えていること。もう一つは、憲法は建て前として、ある程度武力を持っていれば、平和で仕合わせな生活は守れると安易に考える人が増えていることです。そう考える人が増えれば増える程平和は遠くなり、新たな戦争が近くなることは歴史が証明しています。

言うまでもなく、憲法九条の意義は、紛争解決のために力を用いない、従ってそのための武力を一切持たないと宣言していることにあります。無手勝流は非現実的だとか、日本が滅びてもいいのかとか非難する人も多いのですが、決してそんなことはありません。力に力で対抗しないこと、いわば悪循環を断つ勇気を持つこと以外にほんとうの平和への道はないのです。軍事力の放棄こそ、平和に共に生きる世界を造るための一番現実的な政策なのです。

日本が自らそれを捨てようとしている時、去る五月にオランダのハーグで開かれた平和市民会議で、憲法九条の理念が高く評価されたというニュースは皮肉以上のことです。

押しつけられた憲法だなどと今頃恨み言を言っても始まりません。日本人自身が受け容れを決断したのです。戦争放棄の条文が真理であることは間違いありません。その現実的な意義が世界の心ある人々に認められつつあることは確かなのです。今こそ私たちは、力の放棄が平和への近道なのだと世界に向かって発信すべきではないでしょうか。

確かに力の増大、富の拡大、権力の肥大に心を奪われるところに人間の弱さがあります。どこまでも自分で守ろうとする自己中心性から抜け切れません。真の力は神に属し、恵みは神のもの、その神に信頼することだけが本当に人間が守られる道だということは信仰によってしか理解できないかも知れません。その通り力を捨てて実際に生きられたのはイエス・キリストでありました。そのキリストがまた私たちにそのように振舞うことを求めておられるのです（マタイ五・三八以下）。


（一九九九年七月一六日　山手　一九日　緑園）

赦罪と謝罪——真の和解のために

ルカによる福音書第一五章一一—二四節

最近開かれたＡＳＥＡＮ＋３の首脳会議で、日本の首相は、中国、韓国との間で国と国との話し合いが出来ませんでした。上海蟹と韓流ドラマの話をしただけとは情けない限りです。元はと言えば、性懲りもなく繰り返される首相の靖国神社参拝にあることは、皆さんもご存知でしょう。

「歴史認識が問題だ」「侵略を正当化し、被害国民の心を踏みにじる行為だ」と抗議を受けると、彼は「解りませんねぇ」と切って捨てるだけ。挙句「国のために命を捧げた人たちに感謝して何が悪い」だの、「不戦の誓いをしに行く」だのと、しゃあしゃあと言ってのけます。彼は、自分がどういう神社に行って、誰に手を合わせ、頭を下げているかを全く認識していないかのように振舞っています。

「靖国神社」というのは、明治から昭和まで、日本が天皇の名において戦った戦争（殊にいわゆる十五年戦争は歴史的事実として他国への侵略戦争でした）での軍人の戦死者を神として祀っている宗教法人施設です。無理矢理戦場に引っ張り出されて戦死させせられた多くの兵士は、確かに「犠牲者」とも言えますが、相手に対しては、殊にアジアの人々に対しては明らかに「加害者」でもあったのです。

何よりも問題なのは、この神社そのものが、それらの戦争を肯定し、賛美していることです。日本の戦争を謳歌するその異様な雰囲気は、あそこへ一歩足を踏み入れれば解ります。そして、今アジアの国々が最も問題にするのは、日本の侵略戦争の責任者である「A級戦犯」を一緒に神として祀っていることです。現在の国を代表する者が、戦争賛美の神社へ行って、かつての侵略戦争の指導者たちを拝んで、何が、不戦・平和の誓いになるのでしょう。被害を受けたアジアの人々の気持ちを逆撫でするだけではありませんか。

一五年に亘るアジア太平洋戦争での日本の死者は三一〇万人と言われます。しかし、その中に含まれる原爆や空襲その他で死んだ民間人は誰一人靖国神社には祀られていません。ですから、本当の意味で国のために尊い命を犠牲にさせられた人々に、首相は感謝なんかしていないのです。他方日本軍によるアジアの人たちの犠牲は二千万人にのぼります。自分たちがしたことの正しい歴史認識を持たないで、「いつまでも過去にこだわるべきではない」などと言うのは、加害者が口にすべき言葉ではないでしょう。

首相が今の姿勢を改めない限り、中国や韓国との和解などあり得ません。和解のためには言うまでもなく心からの謝罪が必要です。過去の政府声明（村山内閣）で謝罪は済んでいると言いますが、口先だけで態度でぶち壊しているのでは、「謝る気なんてありませんよ」と言っているに等しいと思わざるを得ないのです。

先程「放蕩息子のたとえ」の前半を読みました。父親に背いて家出し、勝手放題をした弟息子が、我に帰って本心を取り戻したとき、何よりもまず「神と父」に対する謝罪の言葉を用意したことに注目したいのです。「お父さん、わたしは天に対しても、またお父さんに対しても罪を犯しました。もう息子と呼ばれる資格はありません。雇い人の一人にしてください」（一八、一九節）。

罪を犯して断絶してしまった相手との関係を取戻し、和解するためには、このような謙虚な謝罪が不可欠でしょう。このような誠実な「謝罪」を相手が受け容れてその罪を赦す。その「赦罪」が生じたところで、本当の和解が成り立つわけです。

ただし、神様と私たち人間の関係では、神様に対して罪を犯した人間が素直に謝罪することが出来ないでいる間に、神さまの方が赦して下さる。すなわち神様の赦罪が先にあるのです。主イエスのたとえ話は、そのことを見事に表現しています。それは二〇節ですが、惨めな姿で帰ってきた息子を遠くから認めた父親が、自分の方から走り出て行って息子を迎え、抱き寄せ、接吻したと。これこそ謝罪に先行する赦罪です。父親の赦しが先にあって、息子の謝りの言葉が引き出されています。しかも父親はみなまで言わせず、すぐに息子としての地位を回復させ、盛大な祝宴さえ開こうとするのです。これが人間とは違う神様のなさりようであると主イエスは語られるのです。

クリスマスとは、神様から人間に対する和解の手段として、イエス・キリストが送られたことを覚える日です。その主イエスが十字架で死なれたのは、神様に対する人間の罪を贖うためでした。まるで息子を見て走り出た父親のように、主イエスは私たち人間を神様と和解させるために、赦しの言葉と赦しの事実をもってこの世に来られたのです。

この向こう側からの赦罪に応じて、心からの悔い改めと謝罪をする時、神様との和解が成り立つのです。クリスマスの喜びとは、このイエス・キリストによる神様との和解の喜び以外のものではあり得ません。どんなに華やかな装飾も、どんなに豪華な贈り物も、この喜びと無関係なら空しいのです。皆さんのクリスマスが、神様の赦罪を受けとめる謝罪の時、和解の喜びの時であったら素敵だと心から思うのです。

さて、最後にもう一度日本のきな臭い現実に戻るのですが、中国との関係で、日本人の大部分がすっかり忘れてしまっている歴史的事実を指摘しておきたいのです。

六〇年前、日本敗戦時の中国の指導者は「蔣介石」（一八八七―一九七五。中華民国総統・第二次大戦後「国共内戦」に敗れ台湾に退く）という人でした。対日抗戦に勝利した彼は、その直後に、全中国国民に布告を出して、自分たちの国中を荒らしまわった日本軍に復讐しないようにと呼び掛けたのです。一般の日本人も兵士たちも、上層の戦争指導者たちに強いられた被害者なのだから、彼らを赦そう。暴力に対して暴力をもって報いることをするな、という趣旨の声明です。クリスチャンであった彼は、文字通りイエスの教え（マタイ五・三八—四八）を実践したと言えるでしょう。お蔭で中国全土に展開していた日本軍の多数の兵士が無事帰国出来たのです。

そして、わたしたち日本人も、先に赦しの言葉を聞いたのです。赦罪が先立っていたからこそ、私たちも心から謝罪すべきなのです。本当の「未来志向の関係」は、そこからしか出発できません。本気で「和解」したいなら、間違っても、侵略戦争を正当化し、戦争を美化し、戦争指導者たちを祀っている神社に、この国の責任者が頭を下げてはならないと思うわけです。

（二〇〇五年一二月一四日　緑園）

すべては新しくなった

コリントの信徒への手紙二第五章一七節

私のキリスト教の授業では（もう〝昔〟のことですが）、キリスト教の「悔い改め」ということと、私たちの間で使う「改心」とか「後悔」あるいは「反省」というのとどう違うのかを考えてもらうことにしていました。

聖書で使われている「悔い改める」という言葉の元の意味は、「方向を変える」ことでした。例えば、神様に背を向けて（まさに「背く」です）生きていた人間が、立ち戻って、方向を変えて神さまと向き合って生きてゆくようになるのが悔い改めなのです。古い生き方を捨てて、新しい生を生きるようになる。今読んだ聖書の言葉によれば、「新しく創造された者」のようになることです。信仰者というのは「あたらしい人間」として生きるのです。

ですから「改心」と言うとすれば、ただ「改める」よりは、心の方向を変えるという意味で「回わす」という字を使って「回心」と書くのがふさわしいと思います。

それに較べて、「後悔」というのは、前にしたことを間違っていたと悔いるのですが、それを何時までも引きずっていて、出直して歩き出す積極性が感じられません。また「反省」というのは、「しまった。あれはまずかった」と認めはするのですが、自分の立場や在り方は変えないという傲慢さが感じられます。

個人のことばかりでなく、国の歩みについても私は同じことを考えています。

七〇年前、日本は戦争に負けました。それはどういうことを意味しているでしょうか。この国の近現代史を思い起こしてください。最近「世界遺産騒ぎ」がありました。明治の近代化の遺産をめぐってです。記念されて然るべきものもありますが、私は「日本の悪しき近代化の痕跡」という面を否定できません。

いわゆる明治維新以来この国は「富国強兵」に努め、大国主義、拡張主義に走りました。一八九〇（明二三）年には「大日本帝国憲法」（通称明治憲法）を発布し、神聖天皇制による全体主義国家の体制を固めました。実質的には思想信条の自由は制限され、人権は抑圧され、男女は不平等のままでした。そして列強諸国に追いつき追い越せと励むうちに、何時の間にか軍人たちが力を持つ軍事大国に成長し、結果として日清、日露、満州、日中、太平洋と戦争を続け、満州事変以降の十五年戦争だけでも、アジア諸国の人たち二〇〇〇万人を殺し、自らも三一〇万人の犠牲を出したあげく、「ポツダム宣言」を受諾して無条件降伏したのです。要するに明治以来の近代化を背景に軍事大国となった大日本帝国は、戦争に負けてその歴史を閉じたのです。ポツダム宣言には、軍国主義的指導勢力の除去や戦争犯罪人の厳罰に対応して徹底的な民主化や基本的人権の確立などが要求されています。

　ですから、「八月一五日」は、「終戦記念日」ではなく「敗戦記念日」であり、その日、古い日本は死んで新しい日本が生まれたと私は受けとめています。先ほどの話で言えば、この日を境に、この国は新しい方向に向きを変えて歩み始めたのです。そのことの象徴、支えとなったのが、「日本国憲法」（一九四六年公布、四七年五月三日施行）です。これはこの国にとって「新生」の証しとも言うべきものです。

　「今の憲法はアメリカの押しつけだ」と思いたい人がかなり居ます。若い人たちの中にも……。どうか歴史をしっかりと学んで頂きたい。資料は沢山あります。確かに、時間的な意味でも、形の上でも、押しつけられた面があります。しかし、何故そうなったのかを考えると、それは、日本政府が提出した「憲法改正案」が「大日本帝国憲法」の手直し程度のものだったからです。古い日本の路線をそのままの方向で歩もうと意図していたのです。ですから、二度ともＧＨＱ（日本を占領した連合国軍総司令部）から拒否されました。

　それで急遽ＧＨＱのスタッフが作った思いっきり新しい「日本国憲法」草案がつきつけられることになったわけです。その際、一番参考にされたのは、日本の研究者たち（鈴木安蔵、森戸辰男、高野岩三郎など）が提出していた「憲法草案要綱」だったと伝えられています。もちろん、日本の議会もちゃんと審議をしたし、手直しもしています。何よりも、長期にわたる戦争にこりごりし、国家の上からの押しつけにうんざりしていた一般国民が、大歓迎したのです。

「明治憲法」に比べて、明らかに「立憲主義」に基づいており、戦争放棄の「第九条」があることが「新生日本」を象徴していたのです。

色々な面で、「戦後七〇年」が取り上げられていますが、この七〇年間、一度も戦争をしなかったこと、一人も銃で殺さず、一人の戦死者も出さなかったことは、この憲法の九条のお蔭であったことは明らかです。

しかし今、これを否定しようという勢力があります。古い日本を未練がましく復活させようと画策している人たちがいます。「敗戦」をごまかし、「終戦」とよぶことを定着させました。アジア諸国の犠牲に対し、謝罪して悔い改めないで「反省」で済まそうと努力している人がいます。

皮肉なことに、今日本国憲法に第九条をつくらせたことを「しまった」と思っているのはアメリカです。で何とか自国の戦略に日本を巻き込もうと「日米安保条約」を盾に脅迫しているのです。それに対して、ご用聞きよろしく、お先走りしているのが安倍政権です。昨夏は「憲法違反」の「集団的自衛権」を「閣議決定」で認めてしまいました。そして今夏、その具体化である「安全保障法案」（複数）を国会で決めようとしています。

私たちの憲法が、折角、戦争でなく話し合いで国際間の紛争を解決しようと謳っているのに「アメリカの戦争には、何処でもお手伝いしますよ。国連でご用とあれば何時でも自衛隊を出しますよ」と言っているのと同じです。アメリカは、以前は「金ばかりでなく、旗を出せ」

（自衛隊を出せの意）と言いましたが、今度は「つべこべ言わずに、金を出して血を流せ」と要求しているとある人は言いました。そんなのに従う理由は全くないのです。

日本国憲法は、戦後、新しい国の歩みを七〇年も続けてきた日本の誇りです。折角の新生の徴を捨て去らないように、しっかりと立ちたいと思います。

（二〇一五年七月一五日　緑園）

あとがき

フェリス女学院大学では、月曜から金曜まで毎日、昼の時間に学内礼拝が守られます。前奏から後奏まで二〇分という限られた時間ですが、毎週定められている週題に従って、それぞれの担当者が苦心して小説教をしています。

週題は、学園生活や学生自身の生き方に関すること、教会暦に関すること、社会や世界に関することなど、多様です。

担当者は、キリスト教学の教師たちのみでなく、理事長、学院長、学長はじめキリスト者の教師や事務職員が当り、時には学生が証しする事もありました。

学年末にその年説教を担当したほぼ全員が、自ら選んだ一篇を寄稿して、B6判、一二〇頁ほどの小冊子が編まれています。「〇〇年度大学礼拝アンダハテン『真理に生きる』」と題するこの小冊子は、その年度の卒業生全員と、次年度の新入生に進呈されてきました。これは、宗教主任だった小島一郎牧師が始められたことで、二〇一五年度版は、「第三四号」に達しています。

同学院短期大学でキリスト教学の講師だった私は、大学へ移った一九八九年度から寄稿を始め、二〇一五年度まで（年によっては同一テーマの連続説教を依頼されたこともあって）合計三五篇を寄稿してきたのでした。

元来私は、説教をする前に、ほぼ話す通りの原稿を作って講壇に立つのを習慣としてきました。ただ皮肉なことに、緑園チャペルの講壇は手元が暗くて、しばしば「勧進帳」を読まざるを得なかったのですが……。

ともあれ二六年もの間、私はひたすら学生たちに語り続けてきました。数えたことはありませんが、半期で七、八回、年に一五、六回は語ったでしょうか。それは、キリスト教や聖書に無縁だった学生たちが、せっかくこの大学で出会いの場を持ったのだから、少しでも聖書や信仰に関心をもってほしい、常識とは違う人生への見方や受けとめ方があるのだということを知って欲しいという一心からでした。

もちろん、聖書を引用しながら講壇から語る以上、それは、私たちに語りかけてくる神のみ言葉を聞きとろうとすることですし、自らみ言葉を聞いて応答しながら生きてきた先輩たちの言葉を聞くことであって、そうしたすべての言葉に突き動かされてここに立って語る私自身の言葉でもあります。

時には、おしゃべりが止まらない学生たちを叱りつけて、「今は俺がしゃべる時間なんだから黙って聞け。文句があったら後で言え」と無理強いしてまで語り続けてきた説教の中から、選んで頂いた二八篇を、テーマ別に三部に分けて、一冊としたのが、この本です。

緑園の礼拝には、学生ばかりでなく、生涯学習「オープンカレッジ」の受講生の方たちがかかなり参加して下さっていました。私の経験ではこの様々な年齢層の方々の反応がとても良かったのです。学生対象の話ではありましたが、聖書に基づく話は普遍性をもっていると思います。広く読者を得ることができたらと心から願っています。

＊

この本の出版については、まず、フェリス女学院大学を介してさまざまな形でお交わりを頂いてきたすべての方々に、心から謝意を表したいと思います。ことに、今日までご好誼を頂いている元理事長・学院長小塩節先生と奥様の元英文学科教授小塩トシ子先生からは、特別のご声援を賜り感謝でした。

また、「真理に生きる」への寄稿文をそのまま流用することをお認め下さった宗教センターと、緑園チャペルの写真を提供して下さった広報課にお礼を申し上げます。

最初の道備えをしてくれたのは、若い日に出会って以来、今も親密な交わりを続けている船本弘毅牧師でした。彼の意を受けて、教文館の渡部満社長が、自ら一切の面倒を見て下さいました。実務を担って下さった出版部の方々を含めて、皆様に感謝いたします。

前著と同様今回も、全文をパソコンに打ち込んで下さったのは茅ヶ崎教会の今澤洋司兄、何かと走り使いをしてくれたのは、フェリス女学院大学総務課の佐々木在君でした。有難うございました。

《著者略歴》

岡崎　晃（おかざき・あきら）

1957年東京神学大学大学院修了。日本基督教団平塚教会副牧師5年の後、同大船教会牧師として31年間在任。更に横浜明星教会協力牧師。傍ら平和学園宗教主任（聖書科講師）、大船幼稚園長を兼任。1978年から2002年までフェリス女学院短期大学及び大学で「キリスト教学」を担当。引き続き同大学生涯学習講座で「聖書」を担当して2016年1月退任した。
著書『戦いの火をかかげ続けて』（共著）、『説教集・ここに教会は立つ——使徒言行録に学ぶ』（新教出版社）。

語りつづけた言葉

2016年12月1日　初版発行
2017年11月20日　2版発行

著　者　岡崎　晃

発行所　株式会社　教文館
〒104-0061 東京都中央区銀座4-5-1 電話03(3561)5549 FAX 03(5250)5107
URL http://www.kyobunkwan.co.jp/publishing/

発売元　有限会社　横浜キリスト教書店
〒231-0063 神奈川県横浜市中区花咲町3-96 電話045(241)3820 FAX 045(241)5881

印刷所　モリモト印刷株式会社

ISBN 978-4-7642-9971-9　Printed in Japan